本物とは何か

飯田商店
飯田将太

プレジデント社

人を笑顔にしたい　飯田将太

お客さまに喜んでいただく。
僕の原動力は、これに尽きる。

しょうゆらぁ麺

僕の「ラーメン美味求真」

麺のおいしさを
最大限に生かす
醤油の風味。
これが僕の美味求真の
スタートだった。

しおらぁ麺
自分の味を求めて。
ラーメン一新を決断

スープのおいしさを
ストレートに表現できる。
しかし、塩味は
難しいのが実感だ。

朝8時。
飯田将太の1日は
製麺から始まる

「おいしい麺とは何か」

は永遠のテーマ。

手打ち麺にも挑戦を始めた。

飯田将太

いつも真剣勝負

僕のラーメンは
生産者さんの想いの集合体。
だから、いつも
ベストを尽くしたい。

つけめんは、お蕎麦屋さんへの挑戦状

小麦粉でしかつくれない
麺のおいしさがある。
蕎麦にできない
一品をめざす。

おにくご飯

素材の力を最大限に発揮したい

日本最高峰の豚肉を一頭単位で仕入れ、ロースを10時間かけて調理する。

湯河原を生かす。
青大豆豆乳とわさびと
すだちの冷やし麺

湯河原を盛り上げる同志、
浅沼宇雄さんの豆乳を使った
冷やし麺は夏の名物。

おやさいご飯

四季を知る大切さを
弟子に伝えたい

弟子への愛情から
生まれたメニューもある。
これが「飯田商店」だ。

夢。

もっと多くの人に
本気のラーメンを

恵まれない子どもたちや
世界の人にラーメンを届けたい。
天皇陛下に召し上がって
いただきたい。

開店は11時。
暖簾を出すのは
自分の仕事

お客さまをお迎えする。
毎朝、緊張の一瞬だ。

本物とは何か

もくじ

序章 僕の「ラーメン美味求真」 7
ラーメンとは何か。
王道の味をとことん追求していきたい。

第1章 25歳。借金1億円からのスタート 23
日本料理を志すも、家業の借金返済のためにラーメンを始める。

第2章 感謝。一杯のラーメンが人生を変えてくれた 41
「支那そばや」佐野実さんの「らぁ麺」で、我に返る。

第3章 32歳。「らぁ麺屋 飯田商店」開店 51
しょうゆらぁ麺 650円。
「お客様は来てくださらないもの」を実感。

第4章 大躍進。客数ゼロから300人へ 65
東京ラーメン・オブ・ザ・イヤー TRY大賞総合1位を4連覇。

第5章 決断。ラーメンを一新する 83
自分の味を求めて。ラーメンの王道に挑むことを決意。

第6章 つけめんは、お蕎麦屋《そば》さんへの挑戦状
蕎麦粉に負けない小麦粉のおいしさを伝えたい。
97

第7章 愛情。弟子と、おやさいご飯
弟子に求めるのは「本気」と「嘘のない」こと。
愛情をとことんかけて育てたい。
107

第8章 感涙。僕が泣いたラーメン
ラーメンを知れば知るほど、先達の仕事に感動する。
113

第9章　夢。もっと多くの人に本気のラーメンを　123
イギリスとスペインでラーメンづくりに挑戦。
「飯田商店」ブランドを世界に。

最終章　座談会「本物とは何か」　147
商いの原点とは。本物とは。

あとがき　172

撮影　合田昌弘

ブックデザイン　鈴木成一デザイン室

序章

僕の「ラーメン美味求真」

おいしいラーメンとは？

最初に、僕の「しょうゆらぁ麺」の、おいしい食べ方をお伝えしたいと思う。

どんぶりが運ばれてきたら、匂いを胸いっぱいに吸い込んでほしい。醤油を芯にした、鼻の奥から脳までを心地よく刺激する、いい香りがするはずだ。スープの色は美しい琥珀《こはく》色。澄んでいる。味にも濁《にご》りがないから、醤油の風味をストレートに感じられる。醤油は搾りたての生揚《きあ》げ醤油を8種類、蔵から直接仕入れて使っている。

香りをかいで心を穏やかにしたら、れんげを使ってスープをどうぞ。どんぶりの手前から、たっぷりとスープをすくうのがおすすめだ。手前のスープに浮いているのは比内地鶏などからとった旨み豊かな鶏油《チーユ》だ。そして、その下にあるのが豚のロースのA脂といわれる、豚肉で最高においしい脂身。豚は、霧島高原純粋黒豚、TOKYO X、天城黒豚という銘柄豚のいずれかだ。そのロースを使い、低温調理で10時間かけてゆっくりと火を入れたチャーシューだ。これを、あえて脂が手前にくるように盛り付けてある。つまり、最初のひと口のスープに、そこから溶け出る脂も一緒に楽しめるようにしてあるというわけだ。

醤油が香る芳醇なスープに、鶏油と豚の脂が合わさる。だから、絶対おいしいに決まっている。これを狙って盛り付けてある。最初のひと口がうまいっ！となれば、あとはずっとおいしくラーメンを楽しめる。

お客さまの中には、鶏油や脂の味が入らない、どんぶりの右上からスープを飲む方もいる。実は僕も同じ。毎朝、製麺をしたあとに、お客さまにお出しするものと同じ「しょうゆらぁ麺」をつくる。匂いで全体をよく点検してから、まずスープをそこから飲む。でも、お客さまには手前から飲んでいただきたいと思っている。最高においしいはずだから。

次は麺だ。麺を手前から引っ張り出して、強くすすり上げてほしい。つるつるつるっーーと。そしてスープをひと口、ふた口と飲んで、さらに麺をすする。なめらかで、しなやかな細めの麺が、程よくスープをまとって舌から喉《のど》を気持ちよく通りすぎていく。と同時に、醤油とスープと小麦粉の風味が、舌の上から鼻腔まで、大きく花開くのがわかると思う。

れんげに麺とスープをのせて口に運ぶ方もいる。しかし、これはもったいない。しっかりすすると、味覚が4倍も敏感になるというデータがあるほど。だからおいしさがまったく違ってくる。スープが飛んで服を汚すのが嫌なお客さまには紙のエプロンをご用意しているので、ぜひ思いっきりすすってほしい。

こうして、ある程度の全貌が見えたところで、手前に盛ってあるロースのチャーシューを食べてほしい。チャーシューは、ラーメンの中のご馳走だから、僕もいつ食べようかとワクワクしているもの。このチャーシューは、低温調理で絶妙な柔らかさに仕上げてあるので、この柔らかさを保っている間に、ひと口でパクッと食べてほしい。一度に口に入れると、ロースの柔らかいところ、赤身のしっかりしたところ、そして脂身の甘さが合わさって実においしい。

このチャーシューを噛《か》んで、うまいっ！となったときにスープをひと口。口の中が豚のおいしさであふれているときにスープを飲むと、旨みの相乗効果でもっとおいしい。さらに、チャーシューを飲み込む前に麺をすすってほしい。そうするともっともっとおいしい。これは慣れないと、ちょっと難しいかもしれないけど。

このあたりでコリコリッとしたメンマを食べて、口をリセットして少し落ち着かせる。次は海苔だ。海苔はスープに浸からないように盛り付けてある。メンマを食べる前に、海苔をスープの中に沈めておく。30秒くらい経って、海苔に油脂とスープを吸わせてから食べてほしい。トロッとしてうまいから。そして、すぐに麺をすする。これがまたおいしい。海苔で麺を包むようにして食べる方もいるが、僕としては佐賀県産の一番摘み海苔を使っていることもあり、海苔だけの味も体験していただきたい。

あとはネギだ。京都から九条ねぎを取り寄せている。食べているうちに散らばっているから、合間につまんで口直しをする。そして、またメンマを食べて、麺をすすって、豚バラの煮豚のチャーシューを食べて、スープを飲んで、と繰り返していたら食べ終わる。

一杯のラーメンを食べる流れの中でとくに感じていただきたいのは、最初は醤油の風味だ。醤油がもつ酸《さん》もあって、キレのある醤油の味と香りがいい感じで続く。それが後半になるにつれて変化していく。麺を動かしながら食べているから、麺からもスープに味が出る。小麦のでんぷんの甘さがスープに移っていく。すると醤油のキレはおさまり、今度は味に丸みを帯びて、実にふくよかな味わいになっていく。最初と最後で味が全然違っている。そういう変化を楽しみながら食べていただくと、最後まで飽きることがなく、おいしいはずだ。

生産者さんの想いの結実。これが僕のラーメンだ

スープを炊く水は、逆浸透膜システムを導入して純水に近いものを使っている。水道水だと、舌にひっかかるような違和感が出る。水道水やミネラルウォーターのほうが、水に厚みがあるので、ボディーのある、おいしいと感じやすいスープにはなる。しかし、僕はあえてそれらを使わない。水にスープの骨格をつくられるのが嫌だから、限りなくゼロに近い水に、きれいな旨みだけを足していく。水

の力に頼ることをしない。だから原価はめちゃくちゃかかる。でも僕は、真っ白なキャンパスに絵を描くイメージでスープをつくりたいと思ってやってきた。

スープの材料は、秋田県産の「比内地鶏」、愛知県産の「名古屋コーチン」、鹿児島県産の「黒さつま鶏黒王」などの地鶏の鶏ガラと肉、鹿児島県産の「霧島高原純粋黒豚」、東京都産の「TOKYO X」、静岡県産の「天城黒豚」のゲンコツと背骨（背ガラ）と肉が主役だ。それを、北海道産の利尻昆布と羅臼昆布が支える。昆布はどちらも天然物だ。ほかに、青森県産の干し貝柱、アサリ、乾燥マッシュルーム、そして白菜などの野菜が入る。

これらに決めている、ということではない。スープの材料については、飯田商店を始めたときは比内地鶏の鶏ガラだけだった。そこから始めて、いろいろ足したり引いたり、たくさんの生産者さんとの出会いの中で、少しでもおいしくしていくものを求めてきた。

それは麺も同じ。今の「らぁ麺」の麺の小麦粉は、北海道江別産の「はるゆたか」の一等粉という小麦の芯だけを挽いたものを主にしている。これに、秋田県産の「ネバリゴシ」、香川県産の「さぬきの夢」など数種の小麦粉を加え、内モンゴル産のかんすいを使って製麺をしている。小麦粉は、つけめん用も入れれば、10種以上ある。

醤油は、兵庫県の足立醸造の国産有機大豆を使った樽仕込みの生揚げ醤油を主に、8種をブレンドして、店で火入れをして醤油だれをつくっている。醤油だれには、リンゴ酢、本醸造みりん、はちみつなども入る。

ほかにも、伊豆大島産の「海の精」、高知県産の「海一粒」、兵庫県産の「海人の藻塩」などの塩、鹿児島県指宿産の本枯節（かつお節）、香川県産の煮干し、おやさいご飯の野菜など、使っている食材はたくさんある。ほぼすべての産地に足を運び、生産者さんと話をして仕入れさせてもらっている。

単に、たくさんの上質な材料を集めているからおいしい、ということではない。あとで詳しくお伝えしたいが、飯田商店は2010年3月16日、僕が32歳のときに、比内地鶏の鶏ガラでスープを取った「しょうゆらぁ麺」から始めた。主な材料は鶏ガラと醤油だけ。醤油は、生揚げ醤油3種から始めた。生揚げ醤油とは、搾りたての醤油で、加熱処理をしていないもの。醤油は火入れという加熱処理で風味が大きく変わる。だからこの火入れをメーカー任せにせず、ラーメンに合うように自分でする。この醤油だれのつくり方は、僕をラーメンに本気で向かうことを決意させてくれた大恩人の「支那そばや」の故・佐野実さんが始めた方法だと聞いている。すごいことだと思う。

僕は、本格的なラーメン店で修業をしていないので、自分の中で決まった味をもっているわけではなかった。だから簡単に味が定まらない。醤油だれも、それぞれ1mlずつ量を変えて、舐《な》めながらブレンドしていく。火入れの時間や温度も変えていく。いろいろ試していくと何が何だかわからなくなる。味に行き詰まる。それなら、もっと醤油を知れば、もっと違う味を出せるのではないかと思うようになった。

まず醤油蔵に行って仕込みを見させていただき、話を聞くことから始めた。それぞれに違いがあることがわかるようになった。そもそも場所が違う、蔵が違う、棲みついている菌が違う。もっと言えば、木桶によって風味も違う。出荷されるタイミングによっても違う。つくっている人の気持ちも違う。当然、常に同じものができるはずはない。それぞれの違いがわかると、この醤油のどこを大切にして醤油だれをつくればいいのかが少しずつわかるようになる。わかったような気がしただけかもしれないが、生産者さんにお会いすることで気持ちが切り替わって、またやり直すことができた。

鶏も見にいった。比内地鶏の特性が少しずつわかってきたら、ほかの地鶏をブレンドすることもありだなと思えるようになった。鶏の肉も使いたいと思った。醤油と鶏の組み合わせだけでもどんどん可能性が広がっていく。こうして、いろいろな食材を見にいくことが始まった。

これが僕のラーメンづくりの土台になっている。産地に行くと、絶対に何かある。なかったことは一度もない。今思えば、あったような気になって帰ってくるときもあったとは思う。でも、生産者さんとお会いすることで、改めてその方々の気持ちが自分の中に入る。それでまたやり直すことができる。新たな気づきが生まれる。

小麦粉も同じだ。北海道の江別で小麦畑を見たときに、なんて広大なのだろうと感激した。その際に生産者さんから言われたのは、「でも飯田さん、ここからあそこまで集めても1袋25kg分だよ」と。その労力や、生産者さんがされていることの重さは計り知れない。わからない。でも、偉大なことだなと感じて帰ってくる。

そうすると、食材をもっと大事に扱おうとする。香りが抜けない保存法を考える。醤油屋さんのご苦労や、鶏屋さんのもっとおいしい鶏をつくりたいという気持ちを聞くだけで、絶対に雑には扱えない。すごく大事に使うようになる。これらだって調理の一つだ。このような積み重ねが、ラーメンを少しずつおいしくしていく。

一杯のラーメンは、生産者さん一人ひとりの想いの集合体だ。皆さんの想いが集まって僕の中に入ってきて、それが一杯のラーメンに結実する。集合体といっても、勝手にこっちが借りているだけだが。

しかし、何かに行き詰まる、ラーメンの味に不安になる、そんなときには、生産者さんを訪ねる。いろいろな方の顔を思い浮かべる。僕は、この方々と一緒にやっているのだ、という安心感が僕を包んでくれる。がんばろうという責任感も出てくる。そして、皆さんへの感謝の気持ちが湧く。この想いは、お客さまに絶対に通じると信じている。これが飯田商店のラーメンだ。

ラーメンの原点を大切にしたい

雑誌などの取材を受けることがある。麺やスープの話をすると、「ここまでこだわった材料を使っているなら、麺とスープだけの素《す》ラーメンもおいしそう。なぜやらないのですか?」と、聞かれることがある。

それもありだとは思う。しかし、僕にとってチャーシューや海苔はラーメンの中でのご馳走だ。いつ食べようか、といつもワクワクしながら一杯のラーメンを楽しむ。これがラーメンだ。

僕のしょうゆらぁ麺には2種類のチャーシューが入る。一つは、豚のバラ肉を凧《たこ》糸で巻いて、スープをとる際に寸胴に沈め、とろとろになるまで煮て、さらに醤油で味つけをする。いわゆる伝統的な煮豚のチャーシューだ。こういう昔ながらのラーメン屋の仕事も、きちんと残していきたいと思っている。ここにラーメンの原点があるからだ。

もう一つが最初に紹介した、豚のロースを、コンベクションオーブンを使って低温で10時間かけて調理したもの。

最初に、「ぬちまーす」という沖縄県の海塩を肉にふる。この塩はマグネシウムの成分が多いので水をふくむと少し発熱するから、肉がぽかぽかと温まって開く感じになる。そこにメインの味つけのクリスマス島の塩をふる。粒が細かいのでよくすりこんで、1日置いておく。味つけは、この二つの塩だけ。

肉は、霧島高原純粋黒豚、TOKYO X、天城黒豚。これらを生産者さんから1頭単位で仕入れている。骨とモモ肉はスープに使う。ロースとバラ肉はチャーシューにする。その肉は、2週間程度は真空状態でねかせて、旨みが最高潮に達したときに使う。

メンマとネギは名脇役だ。一杯のラーメンをおいしく食べすすんでいくときに、なくてはならないもの。食感の違いの楽しみだったり、口の中をリセットしたり。だから、メンマは3本だけを盛り付ける。どさっとは入れない。キリッとした醤油の味つけで、コリコリッという食感に仕上げてある。水煮や調理済みのものではなく、乾燥メンマを台湾から仕入れて、程よい硬さに戻して調理したものだ。

お客さまから煮卵はないの?と聞かれることがある。僕は、卵の黄身にスープを汚されるのが嫌で使わない。半熟の黄身がスープに流れ出すことを想像したくない。子どものときに食べた月見そばが苦手だった。なんで、こんなものを食べるのだろうと思ったほど。煮卵自体が嫌いというわけではない。ほかの店に行けば食べる。しかし僕のラーメンには格好がよくないと思っている。

　スープについては、比内地鶏や霧島高原純粋黒豚などの肉も使っていると話すと、「今後は、鶏ガラや豚の骨を使わない、さらに澄んだ旨みのある高級なスープの方向性が考えられますね？」という質問をいただく。

　確かに肉の旨みは強い。肉だけで成立はする。しかし、肉だけだとリッチにはなるけどラーメンらしくない。僕の中ではあまり格好がよくない。スープに骨の感じがあるからラーメンだ。味の構成として骨がもつコク、骨だからこそ出せる味、これを生かすのがラーメンだと思う。

　あとは、かんすいだ。弾力のある中華麺をつくるために使う、中国で生まれた食材だ。現在市販されている一般的なものは、添加物として嫌うお客さまがいるのは事実。しかし、昔から食べてきたラーメンは、かんすいくささがラーメンらしさだった。かんすいがあったからこそ、スープの味が乏しかった時代もおいしく食べることができた。

鶏ガラなどを使ったスープはどうつくっても酸性になる。ここに炭酸ナトリウムや炭酸カリウムの強アルカリのかんすいのアルカリが、麺をゆでても抜けきれない状態でスープに入ると、スープに厚みが出る。これこそがラーメン感だと僕は思っている。ラーメンスープにうどんを入れたところでラーメンにはならない。やっぱり、かんすいなのだ。無かんすいでラーメンもありだとは思うが、それはもったいない。ロマンがない。

ただし、かんすいにもいろいろな種類があって、風味の違いはある。僕が使っているのは、内蒙古の塩湖の塩を原料にした「内モンゴルかんすい じゅん」というもの。「支那そばや」の佐野実さんが輸入して使い始めたかんすいだ。

産地にも行ってきた。現地の空港から車で揺られること8時間。塩の上に工場があるようなところだった。しょっぱい地面を舐めまくってきた。この塩湖の塩からつくるかんすいだから、リン酸塩などは含まれない。だから安心だ。アンモニアくささがなく、スープにえぐみを出さない。

僕の麺は、このかんすいと、ぬちまーすというミネラルがとくに豊富な沖縄県産の海塩を使っている。この二つを小麦粉に加えることで、コシのある麺になる。はるゆたかなどの国産小麦は、よくゆでると小麦のでんぷんの甘みが引き立つ。だから、かんすいは重要だ。僕のしなやかで、小麦の風味の豊かな麺は、このかんすい無しでは成り立たない。

僕の考える王道のラーメンとは、スープに鶏ガラと豚の骨を使うこと。麺にかんすいを使うこと。この二つを外してはラーメンの王道とは言えない。これがラーメンの伝統だからだ。その条件のもと、いかに麺とスープをおいしくしていくか、麺とスープを調和させるか、に心血を注いできた。

その一方で、ラーメンの楽しみは麺とスープだけにあるわけではない。チャーシューもあれば、メンマも海苔もある。さらに言えば、ワンタンだってある。この楽しさもラーメンだ。

第1章

25歳。借金1億円からのスタート

僕はサーファーだった

僕は、25歳でラーメンを始める前に、日本料理を2年ほど経験している。今でも日本料理の白衣と雪駄《せった》で仕事をしているのは、そこで身についたもの。粋《いき》で、清潔感があって、お客さまにきちんとした姿勢を見せられる。2軒目で入った日本料理店の先輩にサカタさん（仮名）という方がいて、その人のいでたちが本当に格好よかったことも影響している。

ここでは、これまであまり話したことのなかった日本料理の時代を振り返りたい。

僕は学生時代から将来は料理人になりたいと思っていた。大学時代はパスタに没頭したこともある。卵黄とチーズと黒胡椒を使うイタリアの本格的なカルボナーラをおいしくつくりたくて、毎日のように試作をし、それを食べてくれていた彼女が気づいたら15kgも太っていたなんてこともあった。イタリアンの料理人になることに憧れはあった。でも、料理の仕事に何を選ぶかとなったときは、日本人にとっては日本料理が基本だからまずはそれを見たい、日本料理ができないとダメだろうと思った。

しかし実際は、大学は卒業したけれど就職もせずにサーフィンばかり。それが最高に楽しかった。実家は神奈川県の真鶴だったが、京都の波がすごいと聞けば日本海まで遠征したし、千葉の九十九里浜にもよく行った。

ただ、料理のアルバイトは学生時代から続けていて、夏にイベントのビアガーデンを手伝った。やっている人が全員30歳くらいのお兄さんたちで、大人の男性や女性がいっぱい来店して格好いい。それができるのは、店をちゃんと持っているからだな、とはわかっていた。

そんなとき、ビアガーデンの場所を提供していたゴーカート屋さんの社長の奥さんから「将ちゃん、ちょっと来なさい。サーフィンをやるのもいいけど、あなたは人の上に立つ人よ」と言われた。「は？　え？　何を言ってんだろう」とは思ったけど、「我に七難八苦を与えたまえ（武将・山中幸盛の逸話）」の話もされて、「もっときつい思いをすれば絶対に伸びるから、ここにいてはダメ」と言われた。

それをきっかけに、当時、小田原にあった有名日本料理店の支店を訪ねた。家から一番近くにある一流店だからという単純な理由だった。電話をしないでいきなり行って「働いていいですか？」と。ちゃんと働く覚悟ができていないから、バイトでお願いします、と頼んだ。当時の二番の方が対応してくれて、甘く考えているなという雰囲気だったからダメかなと思って帰ったけど、2日後に料理長さんから電話がきて「おいで」と言ってくれた。それでアルバイトを始めた。

日本料理店で働く

その店は楽しかった。器を用意し、八寸や先付けの盛り付けを延々とやった。そのときに、プロの料理人が料理をしている姿、板場の揚げ方、焼き方、煮方のステップアップと人間関係など、日本料理の世界を知った。「煮方が偉いんだ。でも煮物でしょ？　あ、味を決めるところだからか」とか、すべてが新鮮だった。料理長さんには可愛がっていただいた。今でもお付き合いがあるほどだ。料理長さんが特別なお客さまに料理をお出しするときは個室を使う。そのときの助手はなぜかいつも僕だった。器のリストをつくって、いつお客さまが来てもいいように準備しておいたら気に入ってくれた。

だんだん料理長さんの癖もわかってきたから、先にこれをやっておくと喜ぶだろうな、と段取りを考えて、気持ちよく仕事をしてもらうようにした。一度、早く段取りをしすぎて、冷蔵庫がマイナス4度になっていたのに気づかずに、先付けのカニを凍らせてしまったときはすごく怒られたけど。

半年くらいアルバイトを続けていたら、月に27万円くらい稼げるようになった。まかないをつくっていた中堅の人よりも多い。それが原因でちょっともめて、料理長さんに「飯田はずっとバイトでやっていくのか？　ゴルフクラブに系列の人がやっている日本料理店があるから、若い衆として働いてみないか」と言われた。包丁を持たせる、給料を16万円は出すと聞いて、「じゃあ、行きまーす」という軽いノリで移ったのを覚えている。包丁を持てるということの価値がわかっていたし、先輩の給料を知っているからそれもすごいし、寮と食事もあっていいな、という感じだった。

まだ若かったから朝まで遊んだりはしたけど、仕事はちゃんとした。ちょっとずつ覚えていって、いろいろな先輩に可愛がってもらった。みんなが優しくて魅力的だった。とくに、二番のサカタさん（仮名）が、すごく格好よかった。仕事もできるし、料理はきれいだし、男らしくて憧れた。本来は運動靴を履いて仕事をする職場なのに、サカタさんだけは雪駄だった。この板前らしさがよかった。僕の今の足袋と雪駄は、サカタさんの影響だ。

給料は、親方（料理長）が分ける。親方が俺はこれ、次の二番はこれ、三番はと配っていく。僕は9万円だった。でも、寮だから生きていけるし、仕事もできなかったから不満はなかった。

そうこうしているうちに、親方が辞めることになった。それで新しい料理長が入ってきたら、サカタさんも辞めて親方とは別に東京へ行くという。それに誘われた。最初はちょっと理由があって断ったけど、師弟関係になっていたから一緒に行かざるを得なかった。

その東京の店は、お葬式用の料理を出すようなところで、そこは地獄だった。親方になったサカタさんは、理不尽なことで怒って柳刃包丁を振りかざす。僕は仕方なしに土下座をして謝ることもしょっちゅうだった。少し経つとサカタさんが、仕事にちゃんと出てこなくなった。僕一人で40時間立ちっ放しで仕事をして、もう死ぬかと思うほどのこともあった。休憩も5分程度で、座ると寝落ちするから立ったまま。あれは思い出すだけで怖い。洗い場のおばさんが心配して、よく声をかけてくれていた。

店を辞めたかったけど、親方のサカタさんが、ちょっと人には言えない裏の世界とつながっていると聞いていたから、簡単に逃げ出すこともできない。

給料は、ここも9万円だった。アパートの家賃が6万円。そのアパートの部屋をサカタさんが遊びに使い出した。その上、僕にお金を貸せとまで言ってきた。もうダメだと思って、手紙を書いた。手紙はサカタさんに出すのではなくて、うまく喋《しゃべ》れないと殺されるかもしれなくて怖いから、何時間もかけて言いたいことを書いて電話をした。そうしたら、「わかった」と。それからすぐに日本橋に移って、ほかの料理長のところに匿《かくま》ってもらう形で仕事を始めた。この人には、すごく優しくしてもらったのを覚えている。

ガキ大将ラーメンが始まる

日本料理を始めて2年め、実家が「ガキ大将ラーメン」をやることになった。うちは湯河原で、今の飯田商店がある場所で、塩辛や干物の水産加工業を営んでいた。父は僕が14歳のときに癌で亡くなっているので、お母《かあ》が守っていた。その商売がにっちもさっちもいかなくなって、借金も1億円くらいあるとお母から聞かされて驚いた。ショックだった。何も知らなかった。自分はちょっとボンボンかと思っていたくらいのバカだった。お金に困ったときにはお母に甘えて、「おかん、ちょっとお金……」と言ったら送ってくれていた。

ガキ大将ラーメンは、親戚の望月正三《まさみ》さんが創業したラーメンチェーンだった。うちがお金に困っていると知って、正三おじさんが「俺が開店資金を貸してやる」と言って、店を1軒用意してくれた。お母に「みっちゃん、ラーメン屋をやるにはあそこがいい。将太を呼び戻してやらせたらいい」と。それが今の「しあわせ中華そば食堂にこり」（後述）がある場所だ。ガキ大将ラーメンを経営していた、正三さん、公夫さん、誠さんの三人の兄弟が、僕に働いて借金を返せる場所をつくってくれたのだ。

そこで目が覚めた。家に戻ってラーメン屋をやらなければいけない、と。もうやるしかないと肚を決めた。25歳のときだった。

なぜ正三おじさんが、店まで用意してくれたかというと、かつて事業に失敗し、借金まみれでうちの父を頼ってきた過去があったから。おじさんは父の紹介で、くるまやラーメンで働き出し、その会社のナンバー2にまでなって、ガキ大将ラーメンチェーンを創業した。人生を変えてもらった恩があるから、今度は俺がお前たちを助ける番だといって、ガキ大将をやらせてくれたわけだ。

それからガキ大将で約8年、無我夢中で働いた。それでも5年は仕入れ先への支払いを滞らせたり、電気やガスを止められそうになったりで大変だった。でも逃げるわけにはいかないから、11時に店を開けて翌朝の3時まで営業した。深夜でも、温泉旅館の宿泊客が酔ってコンパニオンや芸者さんと一緒に来てくれるからだ。とにかく借金を返したいから欲張って、お客さまさえいれば朝5時だってラーメンをつくっていた。来るならどんだけでも来い、みたいな感じだった。

ガキ大将はチェーン店だから味には限界があった。それでも、少しでもおいしくなるように改良をしていった。ガキ大将のラーメンの強みは、最初は背脂醤油ラーメンだと思っていたが、お客さまの反応を見ていると違う。味噌ラーメンだった。これを看板商品にすることにした。

それで、当時から有名だった「すみれ」さんなどにも食べにいってみた。すると温度が違う。味噌ラーメンがもっと熱いことに気がついた。当時のガキ大将は、誰がつくっても間違いがないように、味噌を大さじで何g、ラードを何gと決まった量をどんぶりに入れてスープを注ぎ入れるマニュアルができていた。これでは熱くないのは当たり前。

最初はどんぶりを熱いお湯に浸けておくようにした。それでも冷める。レードルが冷たいからかと思い、レードルも熱くするようにした。でもまだ足りない。そこで創業者の正三おじさんの弟の公夫おじさんに山梨まで話を聞きにいった。

そうしたら、中華鍋で野菜を炒め、その香ばしさを生かしながら、そのまま中華鍋でスープを仕上げると、香りもよく、熱くてうまくなるという。これか、と思った。

まずは中華鍋にラードを熱して、そこにもやしなどを入れる。すると、ジャーッと炎が上がる。どこまで炎を上げられるか当時のスタッフと競って限界まで挑戦した。これをお客さまが喜んでくれた。ラードも、サラダ油を半分混ぜたような薄いラードだったから、勝手に違う業者から混ぜ物のないラードを仕入れることにした。

チャーシュー麺も、マニュアルは3枚だったが、これでは少ない。湯河原には「味の大西」さんというラーメン屋があって、そのどんぶり一面を厚切りのチャーシューで覆うようなチャーシュー麺を食べて育った僕には、まったく物足りない。だから勝手に厚めに切って5枚のせるようにした。本部からは原価率が高いと指摘を受けたが無視した。

勝手の極みは、夜の営業をもっと強くしたいと思い、酒のつまみになる料理を出すようにしたこと。月替わりで毎日5品は用意した。僕は角煮などをつくった。

洋食の経験のあるスタッフもいたのでクリームコロッケを出したのも覚えている。これが人気となり、夜に行列ができるようになった。35席ある店内が満席になるようになった。あるとき、そのお客さまが全員、笑顔で楽しんでいる瞬間があった。うれしかった。感動した。その光景は今でも忘れない。

だんだん結果が出てきて、僕の湯河原店が、ガキ大将ラーメン全六十数店舗の中で1位の売り上げになった。そうなるには5年はかかったと思う。人も育ってきて、お金が多少は回るようにもなってきた。それで少しずつ、食べ歩きもできるようになった。

「支那そばや」さんで我《われ》に返る

そんなときに、藤沢の鵠沼にある「支那そばや」さんでラーメンを食べた。支那そばやさんは、僕が14歳のときに亡くなった父が好きな店だったと聞いていた。僕も食べにいって、おいしかったという記憶はあったから、このときは、もっとお客さまに来てもらって売り上げを伸ばすヒントを探しにいったのだと思う。

だけど、支那そばやさんで、僕は我に返った。

「俺は、料理をやりたかったんだ」と。「自分でちゃんとつくったものを人に食べてほしい」と。

支那そばやさんのラーメンが、じわ～っと僕の全身に入ってきて、魂を揺り動かした。佐野実さんすげぇ！　麺がこんなにうまいんだ！　これを俺はやりたい！　ズドーンというよりも、じわじわ～っという心底からの強い感じだった。

「俺はやりたい」と。

支那そばやさんで食べるまで、ラーメンの要はスープだと思っていた。支那そばやさんでは麺に感動した。とにかく麺をやりたい、麺の勉強をしたいと思った。

そんなとき、近所のお蕎麦《そば》屋さんが製麺機を持っていて、それをかっこいいなと思って見ていたら、その店の親父さんが「もうやめるからよ。いるか？」と言ってくれた。あげると言ったと思っていたら、10万円ね、と。当時の僕にあるわけがない。でも、なんとか10万をつくって手に入れた。これが、麺に取り組むきっかけになった。今から思えば、本当にありがたいことだった。

その製麺機を、旧・飯田商店の2階の片隅に置いた。それで麺を初めてつくり、これをどうやって表現しようかと考えたときに、つけめんだと思った。つけめんなら、麺を食べてほしいという思いも叶えられる。つけめんから始めて、製麺を上手になっていこうという感じだった。正直に言うと、まだ自分でラーメンをつくる自信がなかった。

その当時のガキ大将は、月曜日を定休日にできるくらいにはなっていた。それで、月曜日につけめん屋を始めた。「ツケ麺醤太」という暖簾を勝手につくって、勝手に始めた。飯田商店開店の1年前の話だ。

麺は、日清製粉の和華という国産小麦のラーメン用を仕入れてつくった。支那そばやさんが国産小麦を使っていると聞いたからだ。が、まったく違うものしかできない。佐野実さんが北海道の製粉所や農家さんを訪ねていることを本やブログで知り、僕も北海道の江別製粉さんを訪ねてもみた。でも、最初は入手できなかった。自分が無力だと思い知らされた。麺と小麦については、あとで詳しくお伝えしたい。

とにかくすべてが見よう見まねだった。醤油だれも、いろいろなところから良さそうな醤油を買ってきて、それを混ぜてつくった。スープもラーメン本を見て、もみじや鯖節などを足していった。わからないからとにかく入れる。そういうスープだった。まずくはなかったけど、乱暴なつくり方だった。小鍋にスープを入れて、醤油だれとみりんを加えて沸かして、つけめんのつけ汁にしていた。今から思えば、醤油の香りが吹っ飛んでいる。

ただし、化学調味料（旨み調味料）は使わなかった。入れれば簡単においしくなるのはわかっていたが、それは誰かに助けてもらうようだし、負けたみたいで嫌だった。自分の力で何としたいと思っていた。

ツケ麺醤太を始めたのはいいけど、誰もわかってくれない。最初はお客さまがまったく来なかった。店に入ってきても「なんだつけめんか」と言って帰ってしまうお客さまもいた。でも、少しずつお客さまが来てくださるようになったときに、塩ラーメンで名高い「らぁめん信」の関口信太郎さんが店に来てくれて、ブログに上げてくれた。そこからちょっと知られるようになった。ありがたかった。

69'N'ROLL ONEの嶋崎順一さんと出会う

支那そばやの佐野実さんのラーメンに感動した僕は、つけめんをやりながら、支那そばやさんに通った。さらに佐野JAPANと言われていた店の食べ歩きを始めた。当時の僕のやり方は、1日に同じラーメンを3杯食べる。1杯だけでは、おいしかったな、で終わってしまうことに気づいたから。それがなぜおいしいのか？　どんな仕事をしているのか？　長く店にいることで見えることがある、わかることがある。

そのときに、69'N'ROLL ONE（ロックンロールワン）に初めて行った。嶋崎順一さんが、町田でやられていた行列のできるラーメン店。この店の2号ラーメンという名前の醤油ラーメンもすごいと思って通い始めた。

その日（2010年の2月だったと思う。飯田商店を始める1カ月半ほど前だ）、たまたま14時45分くらいにお客さんが僕一人になった。もう1杯いいですかと言って、3杯目を店主の嶋崎さんにお願いしたら、「え、あ、同じの？」みたいな反応だった。これがきっかけだった。

「ラーメンをやってるの?」という話になって、「実は自分でラーメンをつくりたいと思い始めて、ちょこちょこやっているんですけど、お店もガキ大将のフランチャイズだから、ちゃんとスープをつくったこともないし、わからない。今そんな状態なんです」と言ったら、「わからないことがあったらいつでも聞きになよ」と言ってくださった。

驚いた。うれしかった。

本当に3日後に質問をノートにまとめて聞きに伺った。いろいろ質問をしていたら、比内地鶏のガラと水だけでつくる嶋崎さんのラーメンスープの骨格までお話ししてくださった。

これには興奮した。

僕には師匠がいない。誰かに教わりたくても家が借金まみれで、修業に行くなんて許されない。うわあぁぁぁぁっと思った。あのときの状態は子どもみたいだったと思う。

嶋崎さんがこうやって親身にお話ししてくださったのなら、僕はこれをやる運命だと思った。「よし、これを思い切りやろう」と。

そこからラーメンの本格的な試作が始まった。つくりながら、わからなくなったらまた嶋崎さんのラーメンを食べにいった。そのときは、2号ラーメンを3杯ゆっくりと食べた。2杯食べて、町田の街をうろうろしてから戻ってもう1杯というパターンが多かった。3杯連続の日もあった。

3杯食べてわかることがある。お腹いっぱいの状態で食べてわかることもある。体調が悪いときに食べてわかることもある。これを実感したのは、そのときだ。3杯食べるということは、その時間だけ店にいることができる。嶋崎さんがどこで何をするか、全部見て拾おうとした。

この嶋崎さんとの出会いと、製麺機の入手が、飯田商店の開店につながる。しかし、準備万端、順風満帆とは程遠いオープンだった。その話の前に、佐野実さんのことをお伝えしておきたいと思う。

第2章

感謝。一杯のラーメンが人生を変えてくれた

「支那そばや」佐野実さんのこと

僕は、今でも営業中に感動することがある。目の前にお客さまがいてくれる。ラーメンを食べている。「このラーメンは僕がつくったんだよな、すげえっ」。僕がラーメンつくっているんだ、それをお客さまが食べているんだ、ということに感動している自分がいる。それを思うと、ガキ大将で苦労したことと、佐野実さんの「らぁ麺」に出会えたことには感謝しかない。

僕は人に何かつくって食べさせることが本当に好きなんだなとも思う。これは性分だ。だから、従業員のまかないも、昼は今でも僕がほとんどつくっている。ラーメンの試作でも、始めると何時間も続ける。

前述したように、僕はガキ大将開店をきっかけにラーメンを始めた。チェーン店の枠組みの中で、自分が満足できるものを出せていないジレンマに苦しんでいたときに「支那そばや」さんのラーメンに出会うことができた。佐野実さんがつくる麺のおいしさに感動した。これを自分でやりたい。支那そばやさんのようなラーメンをつくれる人間になりたいと思った。

僕は料理をして人に喜んでもらうことは大好きだけど、支那そばやの佐野実さんが僕に感じさせたことはそんなレベルではなかった。

僕の人生を変えてしまった。

じわじわわっーと、なんと言っていいかわからないけど、魂が覚醒するようなすごい気持ちになった。それは料理の究極だと思う。いい意味で、人を変えてしまう。そういう料理をつくれる人間になりたいと心底思った。

この支那そばやの佐野実さんへの憧れ、尊敬、畏敬、崇《あが》めるような気持ちが、僕をラーメンに本気で向かわせた。だから、とにかく佐野実さんの行動をたどった。

最初は、製麺をやりたいと思い、近所のお蕎麦屋さんから小さな製麺機を手に入れた。使い方がわからないから、自家製麺の本を買って読んでいたら、そのうちの1冊の後ろに広告があった。佐野実さんが腕組みをしている写真があって、エヌアールフード、食材卸と書いてある。そこに内モンゴル産かんすいがあった。かんすいはネットで買っていたので、それが欲しいと思ってすぐに電話をした。そうしたら女性が出て、「はい、佐野です」と。たまたま従業員のお名前が佐野さんなのかなと思ったら、それが奥さまの佐野しおりさんだった。

「ラーメンを始めて、麺をやりたくて……」と話したら、「あら、そうなの？今、佐野が隣にいるわよ。変わる？」と。びっくりして「いや、無理です」とお断りしたけど、電話を変わってくださった。

「なんだ。麺をやるのか？」「はい！」「ローラーは何寸だ？」「わからないです。何寸とかあるんですか？」「そういう感じか。最低でも8寸はないといい中華麺はできないな。小さいローラーだと苦労するだろう、できないことはないけどな。どこの子なんだ？」「湯河原です」「湯河原には大西さんがあるな。まあ、がんばって。いつでも何か聞きたいことがあれば来なさい。教えてあげるから」と。

その1分は、僕にとってはすさまじい時間だった。また、しおりさんに電話を変わってもらい、「いつの日か必ず行きます」と約束をして切った。

そのあと、すぐにでも「行きたい」と思った。でも、これから始めると言って連絡をした人間がいきなり聞きにいくのは失礼だと思い直した。僕はまず自分で3年はやろうと決意した。その上で教わりにいこうと。

その間、佐野実さんのブログで、支那そばやさんの製麺室で、佐野実さんがお弟子さん以外にも製麺を教えているところを見ていた。あの人もこの人も教わったんだ、と。僕も行きたかった。それでも我慢して、毎日のように製麺をした。さらに旧・飯田商店の軒下でスープの試作も始めた。

ラーメンをちゃんとつくることのできる場所がほしいと思っていたら、水産加工業をしていた旧・飯田商店をラーメン店に改装してくれる人が現れて、飯田商店を開くことができた。そのとき僕が店のために出したお金は2万円だった。ガキ大将ラーメンは、人に任せた。この飯田商店開店の経緯は次章でお伝えする。

とうとう教わることはできなかった

そして、3年経った日にエヌアールフードの佐野しおりさんに電話をした。「もしよかったら製麺を教えていただけないでしょうか」と頼んだら、「ちょっと体調が悪くて」と言われた。そのとき、佐野実さんは入退院を繰り返すようになっていたのだ。次も「ごめんなさい、今ちょっと難しいのよ」と言われた。こうなるとビビってしまって半年くらいは連絡できない。それでまた電話をしたら「まだちょっと」というのが2〜3回続いて、そして亡くなられてしまった。11年前（2014年4月11日）のことだ。

とうとう教わることができなかった。

でも、それで良かったと今は思っている。教わらなかったからこそ、誰よりも佐野実さんのことを調べた。教わらなかったからこそ、佐野実さんだったらどう考えるのかと、ずっと追求していける。麺の食感や味わいに、常にその答えを求め続けた。教わらなかったからこそ、これでよしという線引きがない。佐野実さんも誰かに習ったわけではなかった。自分は追いかけられる立場だから幸せだ。

でも、亡くなられたと聞いたときは、涙が止まらなかった。先がなくなったような気がして、目の前が真っ暗になった。あのときはダメだった。エネルギーが切れたようだった。しかし、泣きやんだあとに、これは佐野実さんが亡くなって悲しくて泣いているだけではなく、超わがままな自分のための涙だったと思い、反省もした。教われなかったことが悔しいという気持ちが自分の中にあることに気づいたから。

結局、佐野実さんとちゃんとお話ができたのは、最初の電話だけだった。

その後、飯田商店を開店する前年の２００９年の東京ラーメンショーに、佐野ＪＡＰＡＮが出店されていて、３時間の行列に僕も並んだ。その先に佐野実さんはずっと立っていらした。少しずつ近づいていくと、だんだん怖くなってきた。鬼か怪獣のように見えた。３時間も並んでいるのに逃げようかなと思うくらいの迫力。ラーメンを受け取って、「いただきます！」と大きい声で言ったら、「おう、礼儀正しいな」と言われた。それ以上は怖いから「失礼します……」と言ってすぐに立ち去った。そして食べ終わってから１００ｍくらい離れたところで、ずーっと佐野実さんを見ていた。本当は、自家製麺を始めていると話をしたかったけど、怖くて言いにいけなかった。

次にお会いしたのは、嶋崎順一さんの店が町田駅のそばに移転・オープンされたとき。飯田商店を開店して1年後くらいのころだった。僕が手伝いにいっていたら、佐野実さんが来られた。話はできなかった。水を出しただけ。でも嶋崎さんが、僕を指し「こいつ、どんぶりは佐野さんの有田焼を使っていますよ」と佐野実さんに言ってくれた。「おう、そうか。がんばれよ」と。それだけでうれしかった。水を出すときは、くっつくくらい近くに行って、佐野実さんの匂いをかいだ。あのポマードの匂いは今も忘れない。

直接、言葉を交わせたのは、この2回だけだった。

しかし、佐野実さんに学んだことは甚大だ。

国産小麦の一等粉を使って自家製麺をする。麺には内モンゴルのかんすいを使う。鶏や豚をはじめ海苔までも食材を厳選する。生揚げ醤油を仕入れて自分で火入れをして使う。メンマを店で調理する。化学調味料（旨み調味料）を使わない。有田焼のラーメンどんぶりを特注する。清潔な服装で仕事をする。店と厨房を徹底的にきれいにする。そして、産地を訪ね生産者さんに会う。

これらのことは、すべて佐野実さんから学んだことだ。いつも佐野実さんのことを考えていたし、いつも佐野実さんのブログを見ていた。

でも、もっと大きな学びは覚悟だと思っている。ラーメンで生きていく覚悟。ラーメンを一流の料理に高めていくことに挑戦し続ける覚悟。

佐野さんの著書『佐野実、魂のラーメン道』(竹書房刊)を読んで、一番感じたのは、その覚悟だった。いくらラーメンに対して情熱があっても覚悟が足りなければラーメン店を続けていくことはできないということ。情熱だけでラーメンと飯田商店をやりたいと思っていたときに、それに気づかせてもらった。

それで自問自答した。俺には覚悟があるのか?「うん、ある」と。でも佐野実さんと比べたら100%ではなく、80%かもしれない。それで無理やり100%に引き上げようとした。佐野実さんだけでなく、皆さんがそういう覚悟でやられているのに、その土俵に入っていくなら、こんな今の自分の80%くらいの気持ちではダメだと。

第3章

32歳。「らぁ麺屋 飯田商店」開店

山田一夫さんの思い出

「らぁ麺屋 飯田商店」が開店できたことについては、もう一人の恩人がいる。近所で居酒屋をやっていた山田一夫さんだ。とても可愛がってもらった。僕も社長と呼んで、いろいろ教わった。

社長は、お客さまに「ありがとうございましたっ！ ありがとうございましたっ！」と、大きな声で何度も言う人だった。今ならそれもわかるし、格好もいいと思うが、若いころは、なんでそんな大きな声で何回も言うんだろう、恥ずかしいな、と思っていた。でも男気があって、「将太、半額セールなんか男は行くもんじゃねえぞ。そんなの絶対に手を出すなよ」などと言い、それが本当に格好よかった。

日本橋の日本料理店から戻って、ガキ大将ラーメンを始めるまでの短い期間に、社長の店に手伝いにいった。いよいよガキ大将が始まることになり、うちのお母《かあ》が、「将太に店をやらせるから、ここをやめるので今までありがとうね」と言ったら、「我が子と引き裂かれる思いだよ」と怒って泣いた。その後もたまに電話をすると、それを喜んで泣いていた。

2002年11月4日にガキ大将ラーメンが始まり、2010年の3月16日に飯田商店を開くまでに7年以上かかった。その間、2008年7月に支那そばやさんと出会いが許され、2009年5月にツケ麺醤太を始めた。そして2010年2月に嶋崎順一さんと出会い、鶏に特化したラーメンの試作を始めた。

つけめんもラーメンも試作は、いつも朝の5時ごろからだった。ガキ大将を朝の3時まで営業して、片付けて、それからだ。ガキ大将でめいっぱい仕事をして、フラフラになってもやった。スープをつくる場所は、旧・飯田商店の軒下。飯田商店はボロ家で、ちゃんとした台所もなく、うちのお母が従業員さん用の料理をちょこちょこっとつくっていたところだった。その家庭用のガスコンロに小さな寸胴を置いて、鶏のもみじなどいろいろな材料を入れてスープつくっていた。鶏ガラを長時間炊くことができないから、手探りで工夫をしながらだった。できることに限界があった。でも、お金もないし、スペースもない。

それを知った社長が、「あんなんじゃ将太がかわいそうだ。ここ（旧・飯田商店）に俺が店をつくってやる、なんとかしてやる」と言ってくれた。

本当に社長が店をつくり始めた。もう干物などの製造はやめていたから、その設備を全部出して、調理器具などを社長が運び込み始めた。ガス台も冷蔵庫も、なんでもすべて社長が集めてきた。その工事も全部社長がやってくれた。

でもガス台は、下のオーブンは動かなかったし、そのレンジも一つは火がつかなかった。ほかも火がまばらで、いつも少しガス臭かったから、多少は漏れていたと思う。冷蔵庫も今のようなファンが回るものではなく、裏面が冷たくなる昔のものだった。奥にネギを入れておくと凍って困った。

壁はすべてベニヤ板だった。中の製麺室の扉もベニヤ板でつくったもので、大工仕事だって社長は素人だから、スチャッとはまらない。引っ張るとググッという感じで、バーンッと閉めるとビキッと上が割れる。お客さまのテーブルもどこからか拾ってきたもの。そんな空間だった。

結局、僕が改装に出したお金はベニヤ板を買うための2万円くらい。社長が、「俺が全部拾ってきてやってやるから」という感じだった。作業台だけは、社長が居酒屋をしていたときのものが1台あった。それは今の店でも使わせていただいている。

店づくりは、一気に進んだ。そして、「将太、やりたいんだったらやれ!」と送り出してくれた。社長が店をつくり始めたのが3月に入ってから。1週間くらいで店はできた。そして開店は3月16日。たぶんお母が友引の日を選んだのだと思う。店ができたら、うれしくて、少しでも早く始めたかった。

この場所だからよかった

こんな経緯だったから、いろいろ準備を整えて、店をばっちりつくり上げて、「よし、開店だ!」という感じではまったくなかった。

本音は、もっと格好いい店をやりたかった。社長があのときに、ここに店をつくってやるぞと言わなかったら、ほかのところでやっていたかもしれない。しかし、ここまでできたかはわからない、と今では思っている。というのは、この場所だったからよかった、というところがたくさんあるからだ。

この飯田商店の土地は、うちの父が残してくれたものだ。自宅が隣町の真鶴で近かったから、僕も小さいころからよく来ていた。ここは扉を開けると、何かいい〝氣《き》〟のようなものが入ってくる感じがする。

その後、ここをリニューアルするときも、最初は製麺室を入口につくって、それを見ながらお客さまには奥まで入っていただく、という僕のアイディアもあった。それもオシャレでいいなと思ったけど、でも、なんか感覚的に違うと思い直した。やっぱり、お客さまがスーッと入ってきやすいような空間にしたいと。この場所の、いいオーラを生かすことを考えた。

あとは、古いけど上が事務所になっていて、うちのお母も仕事をする場所がある。お母が陰ながら店のことをいろいろやってくれたのもよかった。そういういろいろな意味で、ここで本当によかったと思っている。

あとは、意外性もある。「こんな場所でやってきたんですか！」と、今でもよく言われる。「嘘でしょ」と。湯河原駅から歩いて10分はかかるし、大きな通りにも面していない、ちょっと寂しい住宅街の中だから。

でも、だからこそ今の若い子たちに言えるのは、「こんなところだってできるんだぞ！」と。「お金をかけなくても、まずスタートを切ることが大事だよ！」と。

そもそもお湯さえ沸いていれば、どんなところだってラーメンはつくれる。以前、一風堂の河原成美《しげみ》社長が「畳1畳分あればラーメンはつくれる」というようなことをおっしゃっていた。

看板だってお金をかけなくてもいい。うちは今でも15年前のまま。店頭の壁面にシールのようなものを貼っただけ。当時の従業員の鈴木恭子さんのご主人・鈴木正美さんが無償で、大急ぎでつくってくださったものだ。

開店して6年後の2016年に店をリニューアルしたから、その際に外も看板もきれいにすればよかったのかもしれない。しかし、とにかく厨房と客席のことで頭がいっぱいだったし、お金も予定以上にかかってしまって余力がないから変えることができず、今も最初のまま。それが今では〝ギャップ萌え〟と言われるから面白い。

とにかく今の子は、ラーメン屋を始めるのに、格好よく、オシャレにしたがる。お金がないとできないと思っている。スチームコンベクションオーブンなどを入れないとダメだと思っている。

また、今はＳＮＳで開店を発信できるから、すぐに行列ができる。すぐにテレビや雑誌が来る。

「いやいや、お店を始めるということは、そういうものではないよ。最初は、お客さまは来ないのが当たり前だよ！」と、大きな声で皆に言いたい。

２０１０年３月16日に開店

最初からボロボロの店だったけど、ラーメンを始めて7年半。自分の店「らぁ麺屋 飯田商店」ができた。32歳だった。うれしかった。僕はラーメンの試作に没頭していたので、大した準備はできなかった。とにかく支那そばやさんが使っているどんぶりをエヌアールフードから10個だけ買ってのスタートだった。「らぁ麺屋 飯田商店」のテーマは「水と鶏」を掲げた。いま振り返ってみて正確にいえば「水と鶏と醤油」だ。

水とは、逆浸透膜システムの、ほぼ純水に近いものでスープをとる、ということ。逆浸透膜を通した水は、スッキリとクリアな味のスープをつくることができる。素材の味をよく引き出すことができる。しかし、味に厚みがなくなるので、スープとしては物足りなく感じる難しさがある。お金がないから、家庭用の機械を月賦で買った。逆浸透膜システムの水は、支那そばやの佐野実さんを手本にしたものだ。それは今でも続けている。

鶏とは、比内地鶏のガラのこと。豚の骨を使わない、かつお節や煮干しなどを加えない、ましてや化学調味料などを使わない。お金がないから比内地鶏のガラ以外の贅沢はできなかった。使うのは鶏ガラと鶏油だけ。これで十分な旨みを出すことには本当に苦心した。

しかし、だからこそ試作に試作を重ねていく面白さがあった。鶏ガラの旨みをいかに、きれいに引き出すか。これを積み重ねていけたから、今ではそれが良かったと思っている。豚などを使わずに鶏だけでおいしいラーメンスープをつくる、という自らへの課題は9年も続けることになった。

醤油は、「しょうゆらぁ麺」の醤油だれに使う醤油のこと。これは生揚《きあ》げ醤油という、醤油蔵で醸造した搾りたてのものを醤油蔵から仕入れた。これも佐野実さんが使っていたものだ。今は8種をブレンドしているが、当初は3種だった。それを使う前に、僕は湯煎で火入れをして、狙い通りの醤油の風味を引き出すことを試みた。

麺は、春よ恋という銘柄の国産小麦粉を主に、国産の中力粉を加えて麺をつくった。本当は、「はるゆたか」という、僕が支那そばやさんで食べて感動した麺に使っていた小麦粉を使いたかったが、最初は譲ってもらえなかった。スーパーはるゆたかという、当時、佐野実さんゆかりの江別製粉さんが開発した小麦粉を、喉から手が出るほど欲しかったが、さすがにそれを使うのは僭越《せんえつ》で失礼だと思い直した。

結局、北海道の違う製粉所さんが譲ってくれた、春よ恋のストレートから始めた。ストレートとは、いわゆる地粉と言われるものと同じの、真っ白ではなく少し黒みがかった挽き方をしたもの。強い風味と穀物感のある粉だった。

最初の僕の製麺機は、ローラーが4寸と中華麺をつくるには小さかった。だから生地をのす力が弱く、コシのある麺にならない。製麺についてはは本だけが頼りだったから、水分量についての勘違いなどもあって、当時の麺は、とても柔らかなものだった。煮麺《にゅうめん》みたいだと言われた。でも、これがよくスープをすくうので、一つのラーメンとして成り立っていたと思う。

麺と小麦粉については、結局、佐野実さんにも誰にも教わることがなかったから、佐野実さんの麺のおいしさの理由が真から納得できるまでに5年を要した。そのことは改めてお伝えしたいと思う。

開店日は晴れだった

品書きを用意した。ラーメンは、しょうゆらぁ麺、焦がししょうゆらぁ麺の2つ。どちらも一杯650円。

めざしたのは、旨みは豊かだけど澄んでいるスープに、しなやかで小麦の風味がする中華麺。今から思えば、まだまだ粗っぽいものだったけど、今のラーメンの片鱗はあったと思う。チャーシューは鶏むね肉を使ったり、豚をコンフィにしてみたりした。焦がししょうゆらぁ麺とは、醤油だれと鶏油を小さなフライパンで焦がしてかけたもの。当時の僕のお気に入りだった。

サイドメニューは、餃子と瓶ビール。以上。という内容だった。

餃子は、「自社工場製こだわりの餃子・青森県産ニンニク使用」とうたっていた。なんのことはない、お母が裏でつくった普通の餃子だ。これを店内で焼いて出す。でも、この煙の匂いが嫌で仕方がなかった。せっかくのラーメンの香りを台無しにする。僕の中では、これが飯田商店一番の黒歴史（笑）。餃子とビールだけで帰るお客さまもいて、なんだこれは、といつも思っていた。だから半年もしないで餃子はやめた。

それよりも何よりも辛かったのは、お客さまが来ないこと。

最初の半年は、ゼロの日が何日もあった。朝から開けて夜8時まで1人で営業をして、夜8時ジャストに入ってきたこともあった。それが学生時代の先輩で、

「おめでとう。どう、今日忙しかった?」と聞かれて、「はい!」と答えたものの、実はその先輩がその日唯一のお客さまだった。暇すぎてふざけたこともしていた。後輩が来て、メニューにない冷やし中華をタレからつくったこともあった。

駅から遠い住宅街にできた店だから、通りすがりのお客さまがいない。わかってはいたけど、大変だった。誰にも求められていない、ということを思い知らされるのは辛かった。虚しかった。ガキ大将の売り上げがあったから続けられたと思う。

こんなスタートだったが、いつか佐野実さんにたどり着きたい、いつか佐野実さんに食べていただけるようなラーメンをつくれるようになりたい。これが僕の原動力だった。

第4章

大躍進。客数ゼロから300人へ

開店2年目にTRY醤油部門4位に入る

お客さまがゼロの日もあるようなスタートで、開店当初は1日に4杯も自分のラーメンをつくって食べるようなこともあった。10人くれば御の字という時期が続いた。

開店当初は、Twitter（今のX）などもなかった時代で、1年目は誰も飯田商店に気がつかなかった。『東京ラーメン・オブ・ザ・イヤー（略称TRY）』（講談社刊）という、ラーメン店を毎年ランキングする雑誌がある。ラーメン店の業界では一番権威がある。今はSNSがあるから、店がオープンしたらすぐに見つかる。だから、新店も審査対象になる。うちは、TRYに関わっているラーメン評論家の人たちの誰にも気づかれなかった。だから1年目はほかの店が新人賞を取った。

でも、その本が出たあとくらいから評論家の人たちが来店するようになった。「こんな店があったんだ。なんでここを評価対象に入れないんだ」と言ってくれた。意外と最初から高評価だった。それで2年目の2011年には、いきなり醤油部門で4位に入った。これはうれしかった。そこからは4位、3位、2位となって、2016年にはとうとう1位になった。

4位に入ると、朝、店のシャッターを開けると5人くらいが並んでいるようになった。テレビや雑誌の取材も入り始めた。お客さまがどんどん来てくださるようになった。1日に10人から100人になるのは早かった。

こうして食材が動くようになったから、後述するように、どんどん味の改良を図ることができるようになった。スープも麺も、自分で言うのもおかしいが、飛躍的においしくなっていった。

2016年には店をリニューアルできた。国税の滞納を払い終えたから、銀行からお金を借りることができるようになったのだ。飯田商店を開店して6年。ベニヤ板に覆われたボロボロの店から脱することができた。

新しい製麺機を買うことができた。佐野実さんが使っていた、憧れの丸菊麺機のものだ。ローラーは1尺2寸。当時の日本最大のものを手に入れた。丸菊麺機の会長さんからは、「1尺でも性能はほとんど変わらないからもったいない」と忠告されたが、ここは譲れなかった。製麺室も十分な広さを確保できた。

厨房は、一杯のラーメンが、素材からお客さまの手もとに届くまでの動線を考えてデザインした。客席は、清潔な寿司店や割烹料理店をイメージして、すっきりとしたデザインを心がけた。トイレも男女を分けた。壁は左官屋さんの塗り壁にしたかったが、そこまでは予算が足りなかった。店頭も変える余裕がなかった。でも、明るくて清潔な店内と、動きやすい厨房ができて、さらなる飛躍に向かうことができた。

その翌年には、TRY大賞総合1位を取った。

TRY大賞総合1位とは、これまで2001年の「麺屋武蔵」さんから始まり、「らーめん天神下大喜」「なんつッ亭」「中村屋」「ラァメン家69'N'ROLL ONE」「中華蕎麦とみ田」「Japanese Soba Noodles 蔦」（いずれも敬称略）など、そうそうたる店が選ばれてきた。（その後、飯田商店は4連覇

を果たし、殿堂入りをした。これは中華蕎麦とみ田に次ぐ2店目という快挙だ。編集部註）

そして、2018年1月にMBS毎日放送のテレビ番組『情熱大陸』に出演した。食べログでもラーメン店の最高得点を取るようにもなった。

躍進の土台とは

その躍進の土台となったのは、食材との向き合い方だと思っている。これを、お客さまに来てもらえない時代に身につけたことが大きかった。

最初は、鶏ガラのスープを徹底的に試すことを始めた。鶏ガラの炊き方について、一般的には、水から鶏ガラを入れて1時間ほどかけて沸騰させ、強火でポコポコと5～6時間ほどかけて炊いて濾す、という感じだ。しかし、温度を上げていくスピード、炊く温度、時間などによって、旨みと香りは違ってくる。旨みと香りは欲しいが、スープを濁らせたくない僕は、これを徹底的に試していった。

水と鶏以外は使わないと、そういう自分の中で縛りをつくった。だから、1個の食材に対しての向き合い方が深くなる。どうすれば一番おいしくできるのか。豚やかつお節などのいろいろな食材があったら、単に鶏ガラを炊くという浅いレベルでしかものを考えなかったと思う。でも、水と鶏しかないから、炊くということは何なのか。水から沸点まで何分かければいいのか。その後の火加減によってどう変わるのか。炊き続けていった際の旨みの上がり下がりは時間差でどう変わるのか。スープの翌日はどうなるのか、翌々日はどうなるのか。昨日つくったスープと今日仕込んだスープをブレンドしたらどうなるのか。これらのことをとことん突き詰めることができた。

一つの食材でもありとあらゆる角度がある。そこから最上のものを見つけていく。このやり方が、僕のラーメンづくりの土台になっている。今でも何か新しい食材を使う際には、いろいろな角度で考え、試作を重ねる。

こういう改良を積み重ねることで、お客さまの評価が高まり、客数はどんどん増えていき始めた。そうすると、もっと食材を使えるようになる。好循環の始まりだった。

次のステップに

　スープについて、もう少し話を進めると、比内地鶏の鶏ガラでスープをとるということについては、ある程度満足できるところまでできた。でも、まだ旨みが足りない。開店して3年目のころだったと思う。次は、鶏の肉を入れたいと思った。ガラに、肉のリッチな旨みを加えていくことによって、次の次元にいけるはずだと。

　鶏ガラだけを仕入れることに限界だったこともある。鶏の肉を仕入れて使うことは、味だけでなくて生産者さんとお付き合いしていく上で当たり前のことだ。そのころは生産者さんともお会いして、おいしい肉にするために苦心されてきたこともわかっていた。だから丸鶏を買えば生産者さんも喜んでくれる。それで丸鶏を仕入れて、自分でさばいて、旨みの濃いムネ肉とササミはミンチにし、モモ肉はそのままスープに加えた。それで何が起きたかというと、スープの旨みが増すと同時に、スープがクリアになったのだ。

骨を強く炊くと白湯《パイタン》になる。白湯まではいかなくても、ちょっと濁るほど炊いたほうが鶏ガラの味はよく出る。しかし、僕は醤油ラーメンに濁ったスープを使いたくない。濁りは醤油の香りを包んでしまうから、香りが引っ込んでしまう。スープがクリアであれば、醤油の香りがきれいに表に出る。醤油ラーメンは、醤油の醸造香が立ち上ることが素晴らしい。

これを肉が解決してくれた。肉のタンパク質が濁りを吸着して、スープがクリアになった。肉の旨み成分は香りを邪魔しない。鶏ガラをしっかりと炊き、後半に肉を入れることによって、鶏ガラの強い味を出しつつ、肉の旨みを加えることができ、さらにその吸着できれいなスープができた。肉の挽き方や量でも変わってくるから、徹底的に試していった。

さらに、比内地鶏とは違う鶏のガラと肉を加えることも試していった。

最初にうまくいったのは、東京しゃものオスだった。ふくよかな比内地鶏とは正反対の肉質であることに着目した。東京しゃものオスは、アスリートみたいな体をしていて、味がシャープ。比内地鶏はメスしか出荷しないから、オスの東京しゃもを加えることで、スープに奥行きが生まれ、縦軸の立体感を出すことができた。

次は、名古屋コーチンだった。名古屋コーチンは純血ということもあり、力強い風味が魅力だ。佐野実さんが名古屋コーチンを使っていたから、佐野実さんのラーメンの匂いがすることがうれしかった。とくに油の香りが良くなった。

ほかに山水地鶏も使った。これは佐野実さんが開発した鶏なので、単純に入れたいと思ったから。山水地鶏はバランスがよく、全体を底上げしてくれる存在になった。

このように味に改良を加えるとお客さまが増える。増えるから、さらに改良できる。こうして1日に100人だったお客さまが300人にまで増えた。朝、シャッターを開けるとお客さまがたくさん並んでいる。本当にありがたいことだと思った。

小麦粉の大恩人・片岡弘正さん

飯田商店の麺については、片岡弘正さんとの出会いが大きい。3年ほど前にお亡くなりになったが、北海道の「はるゆたか」栽培の第一人者だ。

僕が「支那そばや」さんでラーメンを食べて、それに感動して自分でラーメンをつくりたい、麺をつくってみたいと思うようになった、その麺の小麦粉がはるゆたかだった。だから、僕ははるゆたかに固執した。

支那そばやさんに感動したあと、佐野実さんのブログを見ていたら、佐野JAPANのメンバーが、皆で国産小麦の春よ恋を見にいっていた。「あ、俺も北海道に行かなきゃ。同じような行動をしなくては」と思い、はるゆたかが欲しくて、1週間後に江別製粉さんを訪ねた。飯田商店を開店する直前のこと。アポも取らずに急に行ったんだからバカだった。江別駅に着いて、「今から行っていいですか」と電話をした。そうしたら、迎えにきてくださった。

「はるゆたかを使わせてください」とお願いしたら、「無理です」と言われた。

はるゆたかが、ちょうど病気で弱ってしまった時期で、前年の2割くらいしか収穫できなかったという話だった。やっぱり佐野実さんの力があるのとないのとでは全然違うのか、と思い知らされた。本当に一人だったから。

その後、3年ほど経って、飯田商店が開店して2年目の夏に、また江別製粉さんに、はるゆたかのことを問い合わせたら「今だったら大丈夫ですよ。復活していますよ」と言われた。すぐに飛んでいった。そこで出会えたのが片岡弘正さんだった。江別製粉の社員の本田睦美さんという方が、「片岡さんに会うのが一番いいと思う」と言ってくれた。そのときは、誰だかわからなかったが、「わかりました」と言ってついていった。道中に「片岡さんってどんな方ですか？」と聞いたら、「片岡農法というものをつくって、病気に弱かったはるゆたかを、いつも取れるように復活させた方」だという。

お会いして「ぜひとも使わせてください」とお願いしたら「いいよ」と。「えっ、マジで⁉」と。これは本当にうれしかった。これで佐野実さんに少しだけ近づけるかもしれない、と。

片岡弘正さんのはるゆたかは、ミルキーで安心感のある味わいの小麦粉だった。

これで飯田商店の麺の軸ができたのが大きかった。片岡弘正さんに小麦のことを教わりながら麺を少しでもおいしく製麺できるようになる。そして、それを生かすスープをつくっていく、という方向性が明確になったからだ。

僕のラーメンは、生産者さんの想いの集合体ということを、最初にお伝えした。小麦粉、醤油、鶏、豚、海苔など、生産者さんなくして、僕のラーメンは成り立たない。

小麦の生産者の片岡弘正さんには、本当にお世話になった。はるゆたかは、1972年に北見の農業試験場で開発された品種で、風味と食感が良く、佐野実さんをはじめとするラーメン屋さんだけでなく、パン屋さんからも人気のある小麦粉だ。しかし、病気に弱く、天候にも左右されやすいため収穫量が安定しなかった。それを解決したのが片岡弘正さんだった。もともとは春に種をまいていたが、それを雪が積もる前にまき、芽を雪の下で越冬させて強く育てることで安定した収穫ができるようにしたのだ。

冬に片岡農園を訪ねると、片岡弘正さんが1メートルも積もっている雪を掘ってくださった。地面には、はるゆたかの小さな芽が出ていた。

栽培のオフシーズンには、毎年必ず店にラーメンを食べにきてくださった。優しくて温かな方だった。いつも「しおらぁ麺」を召し上がっていた。

そのお別れは突然やってきた。急逝されてしまったのだ。葬儀には店の営業があって参列できなかった。だから最初の休みの日に、片岡弘正さんのはるゆたかだけで製麺をして、ご仏壇に一杯の「しおらぁ麺」をお供えした。その前で江別製粉の方々と一緒に片岡弘正さんと同じラーメンを食べた。皆で泣いた。

理想の小麦粉ができた

話を戻すと、片岡弘正さんのはるゆたかが使えるようになってからも、佐野実さんの麺は、なんであんなにきれいで白かったんだろうという疑問がずっと残ったままだった。小麦の風味だけではなく、麺を引き上げたときのスープの持ち上がり方が違う。佐野実さんのラーメンは、麺にスープの味がしたのに、そうはならない。いろいろ考えてもわからず、俺が悪いのかなと思っていた。

その当時、昔のラーメン本を読んでいたら、「スーパーはるゆたかを使ってさ」と、佐野実さんが対談で話をされていた。「スーパーはるゆたか?」。スーパーとはなんだろう?と思って入手したら、粉が白かった。たしかに、支那そばやさんのあのときの麺はこれに違いないと思った。

スーパーはるゆたかは、佐野実さんが最初に使っていた小麦粉。はるゆたかと、当時はホクシンという中力粉を一緒に真っ白に挽いた粉だった。要は中心の粉、一等粉だ。だからスーパーだ。当時は、一等粉という概念を知らなかった。片岡弘正さんの粉を主に製麺をしていたし、挽くプラントも違ったので、その当時の麺は結構黒かった。国産小麦とは、味も濃いが色も黒いものだと思っていた。誰にも聞けなかったから。

僕が入手できるようになった片岡弘正さんのはるゆたかだけで真っ白にしてみたい、と思った。それまでにも江別製粉さんに自分用に小麦粉を挽いてくれと頼んだことはあった。そうしたら30トンならできると言われて諦めていた。

その後、江別製粉さんが、個人の農家さんでも挽けるようにと、小さいプラントのF－shipというものをつくった。ここだと、1トンからいけるというから、片岡弘正さんに「玄麦を1トンを買わせてください」と頼んだ。「そんなにたくさん？　何を考えてんだ？」。「小麦のど真ん中だけ欲しいんです。佐野実さんのスーパーはるゆたかがどういうものだったのかを知りたいんです。とにかく、小麦粉の白いど真ん中だけを集めたやつを何袋かください」とお願いをした。そうしたら、思ったような真っ白い粉が送られてきた。製麺したら、これに間違いないと確信した。

人に聞けばわかる話だが、自分でやってみないと嫌だった。ここまで5年かかった。やっと実感できた。佐野実さんは、小麦の真ん中を使っているから、あんなに真っ白な麺ができたんだ。醤油ラーメンに穀物感を出しすぎないように、醤油を醤油らしく出すためには、この白さが必要だったことがわかった。これをやり遂げた佐野実さんはすごい、と改めて思った。一等粉を使うことによって、ものすごくしなやかで、ぐーっというのびが出る麺ができる。

片岡弘正さんのはるゆたかだけの真っ白な小麦粉が、飯田商店5周年記念のラーメン「かけ醤油らぁ麺　恩」になった。

『情熱大陸』出演が大きな転機に

前にも触れたが、MBS毎日放送のテレビ番組『情熱大陸』への出演が、飯田商店の大きな節目になった。

内容は「支那そばやの佐野実さんのラーメンで僕の人生が変わり、佐野実さんを手本に自ら製麺をし、ひたすら佐野実さんを追いかけて、おいしいラーメンを求めてきた」というものだった。クライマックスは、佐野実さんの奥さまのしおりさんに僕のラーメンを食べていただくこと。

いつか佐野実さんに食べて欲しいと思ってずっとやってきた。それは叶わなかったけど、しおりさんに食べていただけることは本当にうれしかった。やっとここまでこれた、と感無量だった。

撮影中にもかかわらず泣いた。僕としおりさんだけでなく、テレビ局のスタッフさんも、うちの弟子も従業員も皆、泣いてくれた。僕はしおりさんが泣くから、もらい泣きしたと思っているが、しおりさんは「将太くんが涙ぐんでいるのを見て、思わず泣いた」と言っている。真相はわからないが、いま思い出しても涙が出そうになる喜びだった。

この出演が飯田商店に二つの大きな変化をもたらした。

一つは、時間帯別の整理券を発行するようにしたことだ。

整理券を導入したきっかけは、ある親子のお客さまとの出会いだった。朝、シャッターを開けたときに目があった4人のご家族連れがいらした。一人はまだ小さな女の子だった。そのお客さまが店に入ってこられたのが18時30分ごろ。これはダメだ。こんなことをしていたら申し訳なさすぎると気づき、整理券方式を導入した。それをさらに、店の前に並ばずとも、その時間になれば入れるように、時間帯別の整理券に変えたのだ。入店までの時間は、湯河原の町を楽しんでもらえたら、と思ってのことだった。

時間帯別に確実に入店できるとなると客数は150人が限界だった。これは、その当時のお客さまが300人だったから半分だ。が、これも仕方がないと思った。変えたら清々しかったのを覚えている。

もう一つは、もっと大きな変化だった。

第5章

決断。ラーメンを一新する

自分のラーメンを求めて

『情熱大陸』の反響は大きかった。

とくにお母《かあ》が喜んでくれたのがうれしかった。たくさんの生産者さんにも、お客さまにも、一緒に働いてくれていた人たちにも感謝しかなかった。ちゃんとお礼ができたようで安堵の気持ちもあった。

ところがその一方で、1月7日の放映の最後に、空のラーメンどんぶりが映し出されたとき、僕の心に、もやもやっとしたものが湧いてきた。何も入っていない空のどんぶり。これに、飯田将太は、これから、どんなラーメンを盛っていくのか？　同じようなことを続けていくのか？　と問われた気がした。

放映当初は、浮かれてもいたから、その心に、向き合うことをしなかった。が、改めて番組を見直したときに確信した。

ラーメンを変えないとダメだ。

自分自身にもっと向き合わないといけない。

実は、飯田商店を開店して何年か経ったときから葛藤《かっとう》はあった。今のラーメンは嶋崎順一さんのラーメンではないのか、と。

本当に自分の内側からのラーメンを生まないと、この先はない。

そう思ったら、もう自分の人生を歩んでいる感じがしなくなった。ラーメンを始めたきっかけは家の借金だった。25歳から8年、その返済のために無我夢中で生きてきた。その中で「支那そばや」の佐野実さんのラーメンと出会えたことでラーメンに本気で取り組む覚悟ができ、嶋崎順一さんとの出会いがあって、鶏に特化したラーメンで突き進んできた。TRY大賞の総合1位も連覇し、翌年も間違いないと言われるまでになった。日本一と言ってもらえるようにもなった。

しかし。

自分が本当に生んだもので勝負していかないと、ものすごく後悔すると思った。それならば、今までのメニューのすべてを捨てなければ、と。

やめると決めたら早かった。でも、さすがに2週間では無理だから、1カ月半の猶予をもうけて、Twitterで「今の味をやめます！」と先に宣言してしまった。

常連さんやラーメン評論家の人たちは、「いやいや今までのメニューもやって、新と旧の二つでやればいいじゃないか、もったいない」と言ってくれた。でも、それではダメな気がした。ここは捨て身で臨まないと意味がない。本当に自分が生まれ変わるという覚悟がないとダメだと。

そこからは、めちゃくちゃ苦労した。

めちゃくちゃ怖かった。

しかし、この時こそが、本当の自分のラーメンに挑戦し始めた瞬間だった。

ラーメンのど真ん中をやりたい

本当に自分がやりたいラーメンとは何か？　その答えはすぐに出た。

「ラーメンのど真ん中をつくってやろう」と。

それは、王道である鶏ガラと豚の骨でスープの出汁をとるラーメンに挑戦することだ。ここから飯田商店がちゃんと始まると確信した。

それまでの僕の鶏だけのラーメンは、自分が思う王道からは外れている。鶏と豚の合わせ技こそ、日本のラーメンの真ん中だ。これをしっかりやり続けて、おいしくしていく人がいないとラーメンが文化として確立できない。僕は、このように考えた。

その根底には支那そばやの佐野実さんへの憧れもあった。佐野実さんのラーメンも鶏と豚だったからだ。これを追求してみたい、と。

ラーメンの世界は、僕がやってきた鶏だけよりも、さらに奇抜で新しいラーメンがどんどん生まれている。これも素晴らしいことだ。でも、ラーメンの基本は鶏と豚だと明確にしておかないと、ラーメン文化が消えてなくなってしまうような気がした。

ラーメンが、寿司や蕎麦のような確固たる食文化になっていくためには、真ん中のものが存在し続けること。これが100年、200年と続いたときに初めて、文化として認められるのだと思う。日本にラーメンが始まってまだ100年と少し。まだ基盤はできてない。この思いが僕の新たな挑戦の原動力になった。

自分のラーメンとは？

鶏のスープは、これまでの鶏ガラと鶏肉を踏襲した。その後、もみじも加えていたが、そのコラーゲンが醤油の風味をマスキングしてしまうので抜いた。

豚は、ゲンコツと背ガラだ。あとは、昔ながらの豚バラのチャーシューもつくって、その肉も寸胴にドボンと入れて豚肉のエキスを足す。最初は、鶏のスープと豚のスープを別につくって合わせる、という方式をとった。

ゲンコツと背ガラは下ゆでをして血抜きをする。さらに徹底的に洗う。一切の雑味が入らないようにするためだ。それを水から炊く。その温度の上げ方や炊く時間などを細かく試していった。旨みのピークを探すためだ。そして鶏と豚の二つのスープを合わせる。最初の段階ではおいしくできた。

ところが試作を重ねて開店が近づいたころ、突然、酸味が際立つようになってしまった。味がわからなくなって、めちゃくちゃだった。怖いから、スープを何回もとった。冷蔵庫がスープの在庫だらけになった。これは3日前の、2日前が2個、1日前が2個という感じだった。ラーメンをつくっていて、生きた心地がしない。こんな経験は初めてだった。プレッシャーで自分の味がわからなくなってくる。弟子はうまいとは言うけど、みんなで嘘をついているんじゃないか、と疑心暗鬼にもなった。とにかく、めっちゃ怖かった。

問題は酸味だった。豚には鶏にはなかった酸味がある。だから、今までの醤油だれの構成で考えていたらうまくいかない。これは、わかってはいた。ところが、スープと醤油だれが合わさると酸味が強すぎておいしくない。ちょうどそのときに仕入れていた醤油の風味が変わったものがあった。それに気がつかなかった。

もうやめたいとまで思った。結局、僕は今までのラーメンしかできないんじゃないかと思った。弟子にも当たり散らした。ひどかった。とにかく弟子は、ほかのことをやらないで近くにいろ、という感じだった。プレッシャーで味も感じなくなってきた。あのときは本当に地獄だった。

結局、醤油だれをつくり直すことで解決はした。濃口醤油のブレンドが多かったので淡口《うすくち》醤油を増やした。火入れの温度も少し低くした。麺のかんすいも少し増やして、そのアルカリの成分でスープの酸味を抑えるようにした。こうして、なんとか無事にリニューアルの開店日を迎えることができた。

今のラーメンの原型ができた。２０２０年６月のことだ。

麺に使う小麦粉は、僕の好きなはるゆたかの一等粉をベースにすることに変更はなかった。スープの旨みが増した分、小麦粉の配合を変え、穀物感を少しだけ増やした。大きく変えたのは丸刃の麺にしたこと。これまでの四角くてやや平打ちの麺から、細めの丸い麺に変えた。それは、スープに厚みができたから、スープが麺にのりすぎないようするためだ。断面が四角い麺のほうがスープはのりやすい。麺とスープの調和。これが一番大事だ。

ほかに変わったのは海苔をのせたこと。以前の鶏スープのときも海苔を試してはみたが合わなかった。スープに豚が加わったことで、海苔が生きるようになった。あとはネギだ。以前は、青みは三つ葉を使っていたが、青ネギの九条ねぎがよく合うこともわかった。

おいしさの追求を加速

当初は鶏と豚を分けて別の寸胴で炊いていた。これは、それまでやってきた自分を守りたい、そこの諦めがついていないと気づいた。それで一本化した。豚と鶏を同じ寸胴でスープをとるのがラーメンの基本だと思ったからだ。

まず豚を炊く。上に浮いてくるラードを抜いておく。そこに水と鶏ガラを入れてゆっくりと炊き、鶏油を加える。低い温度帯のときに鶏油を取る。そこに今度はチャーシューの肉をボンボンボンと入れる。しばらくして、チャーシューがとろとろになってきたときに、さらに豚のモモ肉とウデ肉を加える。その肉を上げて、次に丸鶏をさばいて、モモ肉はそのまま、ムネ肉とササミはミンチにして加える。工程はこんな感じだ。

この内容だと、全工程で16時間かかる。うちの弟子たちは平気でこなすが、さすがにブラックすぎる。だから、これを2日に分けて仕込むことにした。初日は豚だけ、翌日に鶏を加える。試してみると、そのほうがおいしくなった。1日熟成した豚のスープに、鶏を加えるとより深みが出た。

もっとおいしくしたい。動物以外の旨みが欲しい、と思うようになった。もちろん豚と鶏を基本にするが、いろいろなエッセンスを加えていくのがラーメンの面白さだ。ずっとシンプルなものをやってきたので、いろいろ加えていくのが楽しいこともあった。

最初は、昆布を加えることにした。今は羅臼と利尻の二つを使っている。それは役割が違うから。羅臼は旨みの強さ。でも、余韻はあまりない。利尻には強さはないが、味に伸びがある。だから両方が必要だった。

ただし、昆布くささが少しでも感じられたらダメ。おいしくない。昆布は一晩水に浸けたあと、翌日に寸胴に入れ、沸騰直前で取り去る。ラーメンにおいては昆布の旨みを前面に出したいわけではない。旨みの下支えというか、スープに落ち着いた土台のような旨みをもたらす。

昆布の次はホタテを加えた。干し貝柱だ。いい甘みが加わった。支那そばやさんへの憧れもあった。佐野実さんのラーメンは、ホタテの甘さもポイントだったから、そういうエッセンスが欲しいと思った。産地は青森。これは佐野実さんと同じものだ。その生産者さんにも会ってきた。干し貝柱を戻して、蒸してふわふわにして、十分に出汁が出るようにしてから寸胴に加える。

次は野菜を入れた。もともとはスープに野菜を使うことがよくわからなかった。ラーメン屋では、当たり前のように長ねぎの頭、生姜、ニンニクを入れてきた。それが臭くて、おいしいとは思わなかった。うちは、臭み消しという意味での野菜は一切いらないこともあった。

でも、僕はタンメンが好きだ。タンメンがなぜうまいかというと、鍋に野菜を入れてジャーッと炒めるのは1〜2分くらい。えぐみなどが出る前の野菜の甘い味は、本当においしい出汁になる。これは使えると思った。だから、スープの仕上げに最後1分だけ、野菜を入れることにした。使うのは、白菜、玉ねぎ、にんじんの3種をそれぞれひと握りだけだが。

ある思いがあって加えたものもある。Japanese Soba Noodles蔦の大西祐貴氏が亡くなった。友人だった。ラーメン屋として初めてミシュランを取った彼の最期のラーメンは、貝とキノコがテーマだった。これを自分の中で生かしておきたいと思った。彼の貝はアサリが多く、きのこはトリュフとマッシュルームだった。だからアサリとマッシュルームを加えることにした。勝手に彼を生かしたいという気持ちがあった。こういう意味合いをスープに加えたのは初めてだった。

キノコについては、僕は椎茸が苦手で、料理にキノコのグアニル酸的な要素が欲しいときは、いつもマッシュルームを使ってきた。うちのワンタンは、マッシュルームがたっぷりと入っている。さすがに自分のラーメンにマッシュルームを入れるとは思ってもいなかったが。スープのマッシュルームは店で干して、旨みを増してから使っている。

この先、スープがどう変わっていくかはわからない。もっと足すかもしれないし、引いていくかもしれない。

最後は、豚の背ガラと塩だけのラーメンかもしれない。背ガラだけのスープはペラペラで、普通に出したらお客さまは怒るだろうが、僕は本当にうまいと思っている。背ガラは、2時間半くらい炊くと味のピークがくる。だから、うちのスープは、背ガラを仕上げの2時間半前に生をもう一つ入れている。

ラーメンどんぶりも変えた

『情熱大陸』放送後に、ラーメンを変えたことで、どんぶりも変えることにした。これまでは支那そばやさんと同じ形のものを使っていた。それと同じ窯元を訪ね、佐野実さんのどんぶりをなぞりながら、自分なりの形をつくった。

特徴は、トップの口径が広いことと高さが低いこと。要は、大きくて平たい形にしたかった。というのは、僕のスープは醤油をしっかりと入れても澄んでいる。このスープがきれいな琥珀色に見えるようにしたかった。当時、流行していた口径が小さくて深いどんぶりだとスープがまっ茶色に見えてしまう。

もう一つは、スープに浮かべる鶏油が、最後までできるだけ同じように楽しめるようにしたかった。口径が小さいと、盛った際の油脂の層が厚くなり、ひと口目は油脂だらけになるし、最後はほとんど油脂がなくなってしまうことになる。

また、口径が小さいとビジュアル的にも美しくしにくいこともある。さらに、箸で麺をつかむときに、広いほうが気持ちの余裕ができて、するっと無意識においしく食べられる。あとは、広いことによって、どんぶりの高さも低くなるから食べやすい。

　こんなことを考えて、全体的には、ゆったりと堂々としたフォルムのどんぶりをつくってもらった。

第6章

つけめんは、お蕎麦屋さんへの挑戦状

小麦のおいしさを伝えたい

僕の今の「つけめん」は、麺は白い麺と黒い麺の2種類、つけ汁も清湯《チンタン》のスープとそばつゆの2種類を楽しんでいただく。これに、かつお節と昆布などの〝濃密出汁〟、低温調理したロースの薄切りチャーシューを食べている途中でお出しする。ほかに添えてあるものは、焼いた鶏肉、炭火で吊《つ》るし焼きにしたシキンボのチャーシュー、薬味として、生わさび、塩、白髪ねぎ、ふき味噌。ちょっと豪勢なつけめんだ。

これは、お蕎麦《そば》屋さんへの挑戦状でもある。

一般的には小麦の麺よりも蕎麦のほうが香りは強い。そこが悔しいとずっと思ってきた。ラーメン屋でも「小麦の香り」とは言葉では発するけれど、言っているだけのようなところがある。蕎麦は明らかに香りがわかる。僕らの麺もそのレベルにもっていかないと、小麦に香りや旨みがあることが広まらない。一般の人たちがそれをキャッチできる状態にはならない。

さらに、僕らラーメン屋だって麺料理として評価できるというところを示したかった。だから、あえて僕なりの「そばつゆ」で麺を食べてもらうことにした。お客さまにお蕎麦屋さんと比較してもらうためだ。そうすると、ラーメンの麺には蕎麦粉にはないグルテンの強さ、コシの強さがあること。さらに、味も香りもいい、ということがわかってもらえる。

蕎麦には、更科《さらしな》という玄蕎麦の中心の粉だけを使ったものがある。逆に、殻まで挽いた挽きぐるみなどの田舎蕎麦もある。

それは小麦粉でもできる。小麦の中心には真っ白な胚乳部分がある。これは、奥ゆかしい甘み、美しさ、しなやかさ、粘りがある。それを生かした白い麺ができる。その一方で、小麦をまるごと玄麦のまま石臼で挽いて、小麦全体のパワーを生かす黒い麺もできる。

白い麺の小麦粉は、強力粉と中力粉を半々にブレンドしている。強力粉は、はるゆたかと春よ恋の一等粉だ。小麦粉の真ん中だけを挽いたもの。中力粉は、きたほなみの一等粉を主に、桑名もち小麦、ねばりごし、さぬきの夢を加える。この4種の中力粉のブレンドが今の基本だ。

それぞれに役割がある。きたほなみは小麦の風味とモチモチ感。桑名もち小麦はねっとり感、でも配合は少ない。ねばりごしは、まさに粘り。さぬきの夢はシャッキリ感。このシャッキリ感は最近の傾向だ。小麦粉は同じ品種でも味が変わることがある。だから時折100％シングルで製麺して食べてみることも必要だ。

小麦粉は1種類でも麺として成り立つ。しかし、どこか単調で物足りないところが出てくる。シングルでは、つくる自分がつまらない、ということもある。今日はこういうふうにしてみたいなと思って製麺して食べてみると、「あぁ、そっか……。バカだな、俺は何年やっているんだ」というような日もあれば、想像以上にうまくできるときもあって、めちゃくちゃうれしいこともある。小麦粉の長所をうまく生かしてブレンドできると、味だけでなく、香りや食感などが引き立つおいしい麺になる。これが面白い。

この白い麺は、真四角に切り出している。断面が四角い麺は、スープの味が絡みにくい。よく咀嚼《そしゃく》したくなるから麺の味そのものを味わえる。最初はこれだけでいいと思ったが、それだけだと単なるエゴだから、真四角の麺の中に1割程度の、ごく薄い平打ち麺を混ぜる。これらを同じ時間かけてゆでると、薄い麺はゆですぎになる。しかし、この麺にはスープがしっかりと絡む。食感として味わえるのは四角い麺だけ。薄い麺はかなり意識をしないとほとんどわからない。だけどサラサラのスープをしっかりと拾ってくれる。

黒い麺は、風味のいいはるゆたかの玄麦をそのまま殻ごと、石臼で、毎朝その日に使う分だけを挽いている。少し早めの回転で粗く挽いて、粗いメッシュで落とす。粗い粒子で麺にして、その風味を生かす。はるゆたかの味の強さ、荒々しさ、香り、旨みなどだ。これだけだと食感がモサモサするので、ほかの小麦粉もブレンドする。はるゆたかの二等粉、もち姫、きたほなみ、農林61号、胚芽粉など。

はるゆたかの二等粉は、外側に近い部分だから香りと旨みが強い。細かく挽いたものをつなぎとして使う。もち姫は、ボソボソの食感を改善するため。きたほなみはモチモチ感。農林61号は香りの補強だ。

あと重要なのは胚芽粉だ。麺の2％分を入れる。これは麺に甘さを加える役割。普通の小麦粉は、胚芽には油分を含んでいるため製粉には邪魔だから全部取ってしまう。でも舐めるとわかるが、胚芽は宝物みたいなもの。小麦粉にこんな味が隠されていたのかという驚きの甘さだ。小麦には2％の胚芽が入っているから、その2％を小麦に戻してあげる、という感覚で入れている。

麺は、それをあえて平打ちに切り出す。かなり硬い麺なので、ちょっと平たくしたほうが食べやすいからだ。ただし、あまりスープやそばつゆは絡まない。だけど、麺の味自体が強いから、つゆなどの味を拾いすぎてもよくない。こちらは麺の味をしっかりと味わってもらうことに特化した。

基本のつけ汁は、清湯がベースだ。清湯はラーメンスープとは違うもの。鶏肉と昆布だけでとったフレッシュなスープだ。醤油味は、ラーメンと同じ醤油だれを使っている。塩は塩だれではなく、天日で干してつくる「海の精」という海水塩1種をそのまま使う。

この塩のつけめんも、お蕎麦屋さんに対しての挑戦状だ。つけだれに使うのは、塩、スープ、鶏油だけ。お蕎麦屋さんはそばつゆに、みりんや酒などの〝甘の旨み〟を使う。しかし、僕は使わない。甘の旨みを抜いたお蕎麦屋さんのそばつゆは、つけ汁として成立しないと思う。ラーメン屋は、スープに対してすごく原価をかけて、甘の旨みに頼らなくても成立させられる。スープと麺に、きちんと旨みがあるから塩だけで成り立つ。それがお蕎麦屋さんにできますか？という挑戦だ。最近は、それほど思ってはいないが、蕎麦を食べ歩いていた時期は、こんなことを真剣に考えていた。

スープは鶏の清湯だ。黒さつま鶏黒王を丸鶏で仕入れて、さばきたての、ムネ肉、ササミ、モモ肉を使う。あとは羅臼昆布と利尻昆布。肉の出汁だけでも悪くはないが、昆布を入れると確固たる旨みになる。

つけめんに使うスープは、限りなくフレッシュがいい。加熱時間が少ないほうがうまい。麺の旨さがストレートに伝わるからだ。昆布は前日から水に浸けて出汁を取るが、肉の加熱は1時間半程度。毎日、新鮮なスープをとっている。鶏ガラは使わない。骨のコクはつけめんにはいらない。

そばつゆは、和歌山県の野尻醤油と愛媛県の梶田醤油の生揚げ醤油をブレンドし火入れしたものと、かつお節、そして、ほんのわずかのみりんと砂糖が材料だ。

合わせたものを、一般的なそばつゆと同様にねかせてから使っている。かつお節は、鹿児島県の指宿の本枯れ節を店内で削ったもの。それを大量に使う。かつお節のイノシン酸と醤油のグルタミン酸だけで、十分に相乗効果が生まれるので、昆布を使う必要はない。

そばつゆは一人前に20 mlだけおつけしている。たくさんお出しすると、たっぷりとつけるお客さまがいるから。蕎麦と同様に、ちょっとつけて食べると、麺の味もよくわかっておいしい味にしてある。

濃密出汁と薄切りチャーシューの衝撃を!

つけめんを召し上がっていただいている途中に、とろっとろの濃密出汁と、あたためた超薄切りチャーシューをお出しする。

僕の濃密出汁は、たっぷりの本枯れ節(かつお節)とまぐろ節で出汁をとり、それを冷ましてから、利尻昆布、羅臼昆布、がごめ昆布を加えてよく混ぜ合わせたもの。昆布は加熱しない。だから昆布くささはまったくない。きれいな昆布の旨みととろみだ。そして、かつお節などの風味を強めに出すことで、食べやすく、麺をおいしくする。

まずは麺そのものの味を楽しんでいただきたいと思い、食事の途中にお出しするようにしている。

麺にとろっとろの濃密出汁をかけると、麺に出汁が絡んで旨みが増強される。なんだこれ！というサプライズになる。つけ汁もおいしく味が変わっていく。

さらに低温調理したロースを、しゃぶしゃぶのような薄切りにしたチャーシューもあたためてお出しする。これは、僕がチャーシューの端っこを薄く切って食べるのが好きで、まかないのときに、これをつけ汁の中に入れてつけめんを食べたらめちゃくちゃうまかったことがきっかけだった。肉が口の中で即席の強い出汁のようになるのだ。

どうせやるなら、とろっとろの濃密出汁をかけるタイミングで、薄いチャーシューもお出しすることにした。

清湯のつけ汁にチャーシューを入れて、スープをおいしくして、濃密出汁が絡んだ麺をチャーシューと一緒に食べていただく。薄切りだから肉も麺に絡む。今まで食べていたものよりも旨みが一気に3段階くらい上がる。みんなびっくりする。こんな激しい味の変化は滅多にないからだ。

最後の出汁割りは、かつお出汁と、煮干し出汁をご用意している。かつお節は、鹿児島県指宿産の本枯れ節を、調理直前に削って出汁をとってお出しする。煮干しも、脂臭さが皆無の小さな煮干しを使っている。

以上が、今（2025年2月）の、僕のつけめんだ。ラーメンと同様、これからも内容は変わっていくと思う。しかし、麺をおいしく食べてもらいたい、という根幹は変わらないはずだ。

第7章

愛情。弟子と、おやさいご飯

旬を知る大切さを伝えたい

飯田商店には「おやさいご飯」というメニューがある。お付き合いのある農家さんから届く季節の野菜を、焼くか蒸すなどして火を入れて、かつお出汁の餡《あん》とともに、炊きたてのご飯にかけてお出しする。ご飯は、11時、12時、13時、14時のお客さまの時間帯ごとに羽釜で炊いている。

このメニューを始めるきっかけの一つに、弟子たちへの思いがあった。

僕もいろいろなラーメン屋さんに食べにいく。そうすると、従業員さんが昼食や夕食でラーメンを食べているところに出くわすことがある。この子たちは、いつもラーメンだけを食べているのかなと想像したときに、ほかのものも食べさせたいなという思いが湧いてきた。

ラーメン屋さんの仕事には四季がない。気温に合わせて、麺の加水率やスープの厚みを変えるくらいしか変化がない。これだと野菜が季節で変わることなど、旬というものに関しての感覚が育たない。だから、弟子たちが毎日、野菜に触る機会をつくるためもあって「おやさいご飯」をメニューに加えることにした。野菜の味や自然の営みがわかることは、料理人にとって大切なことだからだ。

毎日、まかないでも野菜を食べさせる。朝食は弟子がつくる。まずいときはまずいと言うし、うまいときはうまいと伝える。それを毎日やっている。そして、昼ごはんは99%僕がつくる。こういう積み重ねが、互いの成長にも結びついていると思う。

飯田商店は、働きたいという人に門戸を開放している。ただし、正社員（弟子）は、「独立志願でも末長く働いてくれる人でも、本気でラーメンが好きな方、人を喜ばせることが好きな方」という条件をつけている。

最初の弟子は、開店して数年後に採用した。お蕎麦屋さんの出身だったから、こちらが蕎麦の勉強ができると思ってうれしかったのを覚えている。

弟子の大半は坊主頭にしている。ご年配のお客さまには、そのことを褒《ほ》められる。しかし、これは強制したものではない。たまたま高校球児だった子が続くなどして坊主頭が二人いて、それを面接で見た子が、そうしなくてはいけないと思ったのか、入社日に坊主にしてきた。それからはそれが当たり前という感じで続いている。そろそろやめてもいいとは思っているが、茶髪や金髪が厨房にいたら雰囲気が違う。今は坊主頭の子たちの機敏な動きが、いい空間をつくっている。

教育方針は、愛情をかけること。それ一点だけ。だから怒るときは怒る。

お客さまや相手に対して嘘がないか。礼儀があるか。お客さまの安心安全は大丈夫か。若い子は、この三つをきちんと見ておく必要がある。

自分の都合を優先して、素手で触ってはいけないものを触ってしまうことがある。このようなお客さまに対しての裏切り的な行為をすることがあるからイライラはするが、怒鳴ることは滅多にない。一度、下に落ちたものをお客さまに提供しようとしたのを見たとき、それは本気で怒鳴ったが。

郵便はがき

おそれいりますが
切手を
お貼りください。

1028641

東京都千代田区平河町2-16-1
平河町森タワー13階

プレジデント社

書籍編集部 行

フリガナ		生年（西暦） 年	
氏　名		男・女	歳
住　所	〒 TEL　（　　）		
メールアドレス			
職業または学校名			

ご記入いただいた個人情報につきましては、アンケート集計、事務連絡や弊社サービスに関するお知らせに利用させていただきます。法令に基づく場合を除き、ご本人の同意を得ることなく他に利用または提供することはありません。個人情報の開示・訂正・削除等についてはお客様相談窓口までお問い合わせください。以上にご同意の上、ご送付ください。
＜お客様相談窓口＞経営企画本部 TEL03-3237-3731
株式会社プレジデント社　個人情報保護管理者　経営企画本部長

この度はご購読ありがとうございます。アンケートにご協力ください。

本のタイトル

●ご購入のきっかけは何ですか?(○をお付けください。複数回答可)

1 タイトル　2 著者　3 内容・テーマ　4 帯のコピー
5 デザイン　6 人の勧め　7 インターネット
8 新聞・雑誌の広告（紙・誌名　）
9 新聞・雑誌の書評や記事（紙・誌名　）
10 その他(　)

●本書を購入した書店をお教えください。

書店名／　（所在地　）

●本書のご感想やご意見をお聞かせください。

●最近面白かった本、あるいは座右の一冊があればお教えください。

●今後お読みになりたいテーマや著者など、自由にお書きください。

どうもありがとうございました。

弟子の渡邊大介について

2021年に、4年4カ月勤めた渡邊大介が独立し、青梅市にRamen FeeLをオープンさせた。飯田商店初の公認独立店だ。

開店から3年を経て、大介にしかできないことをやり始めた。大介はもともとアメリカでマーチングバンドをやっており、彼の英語力やアメリカでのネットワークを使って、友達を呼んでイベントをやったり、自分が行ったり。そういうポップアップイベントをやっていて、すごくいいことだと思っている。

僕らが海外に行っても、ただ外国に行ってラーメンをつくってきたぜ、で終わってしまうことが多い。大介は、アメリカにちゃんと仲間をふやして、ラーメンを一緒につくっているから、本当の意味でラーメンが伝わっていくと思う。僕もイギリスやスペインに行って、いろいろやらせてもらったとき、その地にちゃんとラーメンの卵を産みたいという思いでやってきた。

大介とは、飯田商店で、すべてを一緒にやってきたという思いがあるから、ラーメンづくりのことを何一つ遠慮することなく話ができる。ちゃんと勉強もしているから刺激ももらえる。

青梅市の日向和田《ひなたわだ》という郊外に出店したのは驚いたが、大介も湯河原のこんなところでやってきた実例を見てきたからできたのだろうと思う。

それにしてもありがたいのは、オープン直後からお客さまがいっぱいいらして、ずっと行列ができているということ。お客さまが来ない日を経験していないのはある意味で不幸かもしれないけれど、でもそれはそれで運命だ。これから違うところで苦労はあるのかもしれない。でも、大介は本当に頑張っている。彼に続く弟子を育てるのが、僕の次の楽しみでもある。

第8章

感涙。僕が泣いたラーメン

僕はラーメンが大好き

僕はラーメンが大好きだ。改めて言うのも変だが、ラーメンを食べることも大好きだ。とんこつも味噌も、二郎系ラーメンも好きな店がある。

二郎系なら、千葉県市原市にある「ちばから市原本店」さんだ。ここは本当に神だ。味のパンチがすごい。麺も太くて、ブリブリで、ザラザラで、ワシワシ。二郎系はチャーシューを「豚」と呼ぶが、この豚がマジで神豚。バラ肉を使っていて、信じられないような厚みで出てくる。それなのに、柔らかくてジューシー。味は甘じょっぱい。スープは乳化系だから、ちょっと濁っていて、ニンニクの香りが強い。それが自分にとどめを刺す。

とんこつなら佐賀ラーメンが好きだ。佐賀県佐賀市にある「佐賀ラーメンいちげん。」さんは、久留米の濃厚ドとんこつとは違い、ちょっとサラッとしている。塩分は強め、麺はストレートで博多ほどは細くない。メニューに、佐賀一番海苔付きがあって、海苔をたっぷりと入れて食べるとうまい。とんこつと海苔のマリアージュが抜群だ。

北海道札幌市の味噌ラーメンの「麺屋 彩未」さんは、店主・奥雅彦さんの人柄に惚れた。もちろん、めちゃくちゃおいしい。味噌ラーメンなら「すみれ」さんもおいしくて、「どうだ、すみれだぞ」という主張のある味。ところが、彩未さんは同じジャンルなのに、いつも食べるとホッとする。すごく優しい。でも実はパンチも秘めている。奥さんの人柄そのものの味。優しくて面倒見がよくて、思いやりがある。でも、きっちりと「札幌らーめんを継承する」という熱い想いをもっている人。僕がまだぺーぺーのときから親身になって相談にのってくれた。北海道の小麦の生産者さんに会いにいく際は、必ず車を飛ばして行きたくなる。

初めて泣いたラーメン

ラーメンを食べて初めて泣いたのは、山形県のあつみ温泉にある「めん処 久太」さんに行ったときだった。飯田商店を始めて3年、35歳のころだったと思う。仙台の五福星というラーメン屋さんが「飯田は絶対に行ったほうがいいぞ」と、連れていってくれた。

久太の親方の製麺を拝見したら、全部自己流でやられている。小麦粉も水も量ることをしない。ばさーっと入れるだけ。製麺機の動かし方も機械屋さんに習っていないことがわかる。工程がまったく違う。ちょっとめちゃくちゃだけど、見事においしい。

スープには油がまったく浮いていない。豚も鶏も使っているのに油がゼロ。全部取る。最後に入れるかつお節や鯖節など、節の香りが実に豊かだ。オリジナリティーがすごい。

すべてご自身で生み出してきた味。親方が自分でうまいと信じたものだけを一途につくってきた、ということがラーメンから伝わってくる。親方が何十年もかけてやってこられた年月と想いに感動した。自分がちっぽけにも感じられて泣いた。

「しあわせ中華そば食堂にこり」の中華そばは、久太さんリスペクトで、油なしでやっている。油脂を全部は取りきれないので、にこりのほうが油脂は入ってはいるが、自分で言うのもなんだが、めっちゃうまい。

ちなみに「しあわせ中華そば食堂にこり」とは、ガキ大将ラーメンを脱退して、その場所で開いた店だ。飯田商店が開店して、軌道に乗り出した3年目に切り替えた。

当初は、湯河原にある「味の大西」さんをイメージした醤油味の中華そばを出していた。味の大西さんは、子どものころから食べてきた、僕のラーメンの原点の味。これを自分なりの味でやってみたかった。現在は、久太さんをリスペクトした中華そばのほか、カレー、餃子、しゅうまいなどを出している。詳しくは、最後の座談会でお話ししたいと思う。

とら食堂では涙が止まらなかった

先日、銀座にできた脇屋友詞さんの店「Ｇｉｎｚａ脇屋」に行ってきた。「東京ラーメン」という名の、脇屋さんの醤油ラーメンが出た。ベースは中国料理の鶏でとったスープ。これだけで料理は成立するのに、あえてホワイトペッパーが入っていた。このことで、スープにラーメンの骨っぽい味が漂い、昔ながらのラーメンの感じがした。

僕には、まだできない仕事だった。ここまで崩すことはできないと思った。でも、格好いい。これをさりげなくできる脇屋さんの料理に対する凄みを見せつけられた。

ほかのお客さまは、おいしいと言って食べていたけど、僕は一人で感激していた。この素晴らしいスープに、テーブル胡椒《こしょう》みたいな味がするホワイトペッパーをあえて入れる。このラーメンには、脇屋さんの人生など、これまでのいろいろな想いが入っているのだろうなと感じたら、涙ぐんでしまった。「どうしたの、飯田くん」と、周囲の人には驚かれたけれど。

あと忘れてはならないのが、福島県の白河市にある「手打ち中華そば とら食堂」さんだ。親方の竹井和之さんのラーメンには泣いた。

若いころに行ったときは「あっさりしていて、おいしいな」という程度の感想だった。でも、自分自身が何年もラーメン屋をやってから行ったとき、食べながら泣いた。7割ほど食べたところで、涙が自然に出てきて、食べ終えて店を出ても、まだ涙が止まらなかった。

親方がずっと一途に、真摯《しんし》に取り組んできたことが、ラーメンから感じられた。50年以上も続けてこられた重み。確固たるものを築き上げてこられたことのすごさ。とら食堂さんのラーメン、とくに手打ち麺は、誰にも真似ができないものなのだ。

2024年に、この手打ちの麺をぜひとも学びたいと思い、親方にお願いをして研修させていただいた。

とら食堂さんは、毎日、夜中の2時半から麺を打ち始めていた。量がすごい。今の3代目は僕より1歳年上の方だけど、それを変えることなく、2時半からやっている。手打ちで、それを50年以上続けてきている。だから、とら食堂さんで研修をさせてもらってから、それまで僕は「製麺機で麺を打つ」と言っていたけど、打つという言葉は絶対に使わなくなった。この人たちを見たら使えなくなった。製麺するとか、麺をつくるという言葉に変えた。

とら食堂さんの麺を僕が語るのも失礼な話だが、手打ち麺は加水率を50％以上にするのが一般的だ。これがやりやすい。ところがとら食堂さんは、46％から48％の間だ。手で打つには硬くてめちゃくちゃ大変だ。でも親方は、それこそが本当においしいところだと言って譲らない。

とら食堂さんで働く人たちは腕や肩の筋肉が異常に発達している。麺棒は、竹の棒、長い棒、短い棒の順番で3種類を使う。そして麺を切ってから2〜3日熟成させる。そうすると外側が硬質になってくるからツルツル、プリプリになる。だから、ちょっと太めなのに、するするっと喉を通る。うちのように熟成させない麺もツルツルとはするけど、その具合がまったく違う。

とら食堂さんのラーメンを食べていると、人間の力でつくる手の味が感じられる。だから、食べていると〝氣〟が入ってくる。親方がよく言っている「水の如《ごと》し」でもある。水のように、するすると喉を通る。脂もあるし、かんすいも入っているにもかかわらず、喉が渇《かわ》いたときに飲む水みたいな感覚で、体全体にしみわたる。こんなラーメンは僕にはつくれない。とら食堂さんはラーメンの一つの完成系だと思う。本当にすごい。

第9章

夢。もっと多くの人に本気のラーメンを

ららぽーと沼津に出店

飯田商店のラーメンを、世界中の人に、もっとたくさんの人に食べてもらいたいと思っている。その力を身につけたい。

そのきっかけは、沼津のららぽーとへの出店依頼だった。以前から話は来ていたが、ずっと断っていた。というか話を聞くことをしなかった。フードコートなんかで誰がやるか、というのが本音だった。フードコートでまともなものを食べたことがなかったから。

でも、何度断っても三井不動産の人がやってくる。帰れ、とはっきりと言ったこともあった。「話を聞きたくもない、絶対に俺はやらないから、お前は一生ここに来るな」と。それでも来る。次は無視もした。お客さまとして来たにもかかわらず無視をしたのに、それでもまた来るから、「わかった。話だけは聞くよ」と。

その話に強い誠意を感じた。すべてを自社製でやる。飯田商店の味そのものを提供する。この条件なら考えてもいいと言ったら、これこそが望んでいたことだと、真剣な対応を約束してくれた。実際にその通りだった。

ちょうど、弟子や働きたいという従業員も増えてきていた。やるのは相当大変だなとは思ったが、「もっとたくさんの人に飯田商店のラーメンを食べてもらえたらうれしいし、やってみたい」と、気持ちが変わった。

フードコートに出している有名店の料理は、自分のところではつくらずに、飯田商店風の似ているものを探してきて提供することが大半だ。これは絶対に嫌だった。だから、飯田商店の裏に、セントラルキッチンをつくることから始めた。製麺機のグレードアップとそのレシピづくり、スープの設備とそのレシピづくりに始まり、完全に密封できる寸胴鍋探しから冷蔵の設備、そして運送トラックの入手、現地での人の採用まで、キリがないような感じだった。

開店は、2019年10月4日。オープンに際して、ららぽーとに出店する各店主の意気込みを書いて出す機会があった。「僕は絶対に既製品は使わない。手づくりでやり抜く。フードコートだからといって一切の妥協はしない。全部手づくりでやらなかったら死にます」と書いたら、「死にますは、いらないです」と言われた（笑）。

銀行さんからも「大丈夫ですか？　月に500万円くらい売れれば御の字ですよね？」と心配もされた。

ところが蓋を開けてみたら、1カ月目の売り上げは4000万円だった。日本のフードコート最高の売り上げを記録した。本店を休むだけでは人が足りないから、にこりも休んで、セントラルキッチンと沼津の店に総動員をかけた。

スープを炊いて、濾して、冷やして、分けて、運んで。すぐに戻ってスープを炊き始めて……。麺もずっとつくりっぱなし。寝る時間も満足になかった。移動中の車が鹿とぶつかって壊れたこともあった。比内地鶏の鶏ガラがもうありませんとも言われたから、いろいろなつながりを使って食材探しもした。

正月には1日に2000杯以上を出すことも経験した。1日の売り上げが200万円。100万円を超えたらすごいと言われるところを倍も売った。わけがわからない1日だった。

こうして、できるということを証明した。手を抜かないでできる。やると決めたらできるんだと。最初の4カ月は月商3500万円を下ることはなかった。

飯田商店は、「麦フェス」などのイベントにも出店することがある。幸いにも、その開店と同時に100人からの方が並ぶ。でも、僕らは平気だ。めちゃくちゃ仕事が早い。だって沼津で戦闘力を鍛えられているから。

コロナ禍で通販に進出

沼津の次は、コロナ禍での通販が爆発的な売り上げを記録した。

実は、その直前にお土産用の準備を始めていた。お土産は、中華蕎麦とみ田の富田治さんが以前から取り組んでいて、「将太ちゃん、お土産をやったら結構売れると思うよ」って言ってくれていた。最初は面倒くさいし、性分に合わないと思ってやらなかった。

でも、どれくらい売れるのかと改めて聞いたら「店1軒分くらいは売れるよ」と。確かに、自分もほかの店に行っておいしかったら買って帰りたいという気持ちはある。お客さまも喜んでくれるだろうと思い、資材を仕入れて練習をし、パッケージをつくった。

そうしたら、コロナの緊急事態宣言が発令された。すぐにホームページをつくってもらって、鶏出汁の醤油らぁ麺3食入りを売り出した。そうしたら、それが爆発的にヒットした。用意した分だけ、どんどん売れていった。

今度は沼津で採用した人たちを、毎日迎えにいって湯河原に来てもらった。らぁらぽーとはコロナ禍で店を開けられなかったから、みんなの仕事を確保できてよかった。麺とスープのパックを1日2000個はつくった。飯田商店の店頭にもお土産を買いにくる人が行列をつくった。

こうして、本店やイベントだけでなく、自分たちがつくったラーメンを、たくさんの人に食べていただけるようになった。

イギリスでラーメンをつくる

2024年は、イギリスとスペインで、自分でラーメンをつくって、現地の人たちに食べてもらうことができた。

「世界中のどこに行ってもラーメンをつくれるようになること」が、新たな自分のテーマだったから、オファーを喜んで受けた。6月18日に日本を発ってイギリスへ。翌月の7月2日にはスペインに向かった。

イギリスは、王立のウインザー競馬場で開催される、ロイヤルウィンザーカップというエリザベス女王が生前に一番大事にしていたPOLOのイベントで、300食分のラーメンを振る舞うという内容だった。ロイヤルファミリーも食べるからと聞いて勇んで出かけた。うちの弟子3人と、独立した渡邊大介と5人で向かった。

これまで日本からは寿司などを出していたそうだが、2024年はラーメンに決まり、「だったら飯田商店だろう」ということになったらしい。僕の夢は天皇陛下にラーメンをつくって召し上がっていただくことだ。それを絶対に実現したいと思って、いろいろな人に訴えてきた。そのうちの一人だったエージェントの人が、エリザベス女王がまだ生きておられた3年前に、「将太くん。いきなり天皇陛下は無理かもしれないけど、エリザベス女王じゃダメ?」と、声をかけてくれた。ダメなわけがない。「はい!」と返事をしてから待つこと3年。いよいよ実現となったのだ。

改めて話があってから3週間後に出発という慌ただしさだったが、急いで準備を始めた。

スープは日本でつくって冷凍便で送ればいいと言ってくれた。しかし、本来は豚や鶏の畜肉系は絶対に持ち込めない。いろいろ考えて、それはやめた。違反は違反だから。真っ当な道で成功しないと意味がない。

大介に電話をして「スープをつくっていけば向こうで仕込みもなくなるし安心だけど、俺は現地で工夫してつくりたいんだよ。どう思う?」と聞いたら、「僕は親方とずっと一緒にやってきたので、すごくわかります」と。そこで決意して「スープは持っていきません」と伝えた。ただし、麺、醤油だれは植物系だから

OKだったので、自分でつくったものを持っていった。麺は、製麺機でつくって瞬間冷凍して、キャリーバッグの中に保冷シートを張り、保冷剤をたくさん入れて運んだ。

6月23日が本番だった。渡航前にまた別の話が舞い込んできた。「モシマンズ」というエリザベス女王が愛していた会員制の貴族レストランのシェフが、そのイベントの前日に飯田商店とコラボレーションをしたいという話だった。ロイヤルウィンザーカップを訪れるVIP客のディナーにラーメンを出したいというのだ。最初は、前日だからとても無理だと思ったが、僕がOKすれば、モシマンズの仕入れが使えると考えた。ロンドンで有数のレストランの仕入れが適当なはずはない、いい食材を使える。自分たちで市場に行って食材を一から探すつもりだったから、こんなありがたい話はない。だから、やることにした。

それが大正解だった。モシマンズはレストランだけでなく、テイクアウトやケータリングなども経営していた。だからキッチンが広い。その一角を僕らが独占できた。しかも、豚が最高だった。純血のデュロック。このゲンコツがすごかった。肉のおいしさはまぁまぁだったが、ふだん僕が使っている豚のゲンコツよりも1・5倍は味が濃い。鶏も新鮮だった。軟水も300ℓを頼んだら用意してくれた。もともとは、厨房付きのアパートメントを借りてもらっていたので、そこで準備をするつもりだったから、実にラッキーだった。

それでも、いきなり本番というわけにはいかないから、アパートメントのキッチンで試作をした。イギリスの豚や鶏を市場で買い漁って、まずは肉の旨みだけをみる。今度は丸鶏をさばいて、ガラだけで炊いてスープをイメージする。ネギはポロネギしかなくて最初は戸惑ったが、それが意外においしい。ちょっとニンニクの香りがあって、九条ねぎの根元に近い味がした。貝類もいろいろ食べてみた。とにかくイギリスの食材を知ることに努めた。だから、いざ本番の食材が来たときに対応ができた。

モシマンズは大成功だった。お客さまは、ベントレー社のベントレーさん、ノーベル賞のノーベルさんなど、VIPが36人だった。食事中にお客さまが僕を呼ぶ。シェフを呼べ、と。5階にある最上階のVIPルームに何往復もした。皆さんが「アメイジング！」と、喜んでくれた。ドバイに住んでいる世界5位のお金持ちという方が、飯田商店を世界中に出したい、なんて話で盛り上がった。エリザベス女王を看取った大親友のアンジェラ・ケリーさんにも「本当に最高。これをもっとこの世に広めたい」と言ってもらえた。イギリスでもラーメンが愛されるということが、よくわかった。

厨房の皆さんにもラーメンを振る舞った。ゲストが食べたものと同じ醤油ラーメンを全員につくった。「気になるだろ。食べようぜ」と言って。その時間が一番よかった。彼らが一番わかってくれる。「モシマンズの仕入れだから同じ豚だけど、俺たちがやったってこうはできない。どうやってやるんだ?」。同じ厨房で戦う料理人同士だからこそ、互いに感動できる。僕らはやっぱり厨房が一番だ。

その後、そのイベントの関係者から電話があって、モシマンズで定期的にラーメンを出さないか、という内容だった。だとしたら、知らない間にロイヤルファミリーが僕のラーメンを食べる可能性が出てくる。その前に、相当の教育は必要だが。

ロイヤルウィンザーカップ当日も好評だった。何人のロイヤルファミリーが食べてくれたかはわからないが、皆さん「アメイジング!」と言って、とても楽しそうだった。競馬場には、風が吹くと火が消えてしまうような設備しかなかったから、ここで一から仕込みをしていたらどうなっていたか、考えたら背筋が寒くなった。

スペインでは手打ち麺に挑戦

スペインは、サンセバスチャンにある三つ星のムガリッツが経営するムカというレストランでラーメンをつくってきた。

そのご縁は、僕がオリジナルのラーメンどんぶりの製作をお願いしている有田焼の李荘窯《りそうがま》の器を、スペインを代表するレストランのムガリッツが使っていて、その窯元が毎年スペインに行っているという話を聞いたことからだった。

窯元に、僕もスペインに行きたいと言ったら、そこに佐野しおりさんもいて話が進み、ムガリッツのオーナーシェフのアンドニ・ルイス・アドゥリスさんと東京で会って、スペインでラーメンを振る舞う食事会を開くことになった。ゲストは、1回42名で計2回の84名。あとはまかないで100食分ほどだった。中華蕎麦とみ田の富田治さんも同行した。彼は以前スペインでラーメンをつくった経験があったから心強かった。

スペインは、現地で麺を手打ちでつくろうと決めた。１００食という数も程よかったからだ。しかし、手打ちはまったくの素人。僕の大好きな白河の「とら食堂」の親方に習いたいと思い、連絡をした。

「親方、僕は製麺機で麺をつくっていますが、手打ちは経験がなく、親方の手打ち麺がすごいと思っているので、ぜひ1回見学させていただけないでしょうか」と頼んだら、「飯田くんならいいぞ。教えるよ」と。「かしこまりました」と言って10日後には白河へ向かった。

滞在は短期間ではダメだと思い、最初は店を1週間休んで朝4時から厨房に入らせていただいた。しごかれもしたけど、可愛がってもくれた。その後、合計7～8回は通った。だんだん先方も、僕が行ったら喜んでくれるようになって、最後は「ただいま～」と言いながら入っていった（笑）。

この、とら食堂さんでの経験があったから、スペインで成功することができた。麺がうまくいったのは本当によかった。とら食堂の親方が一生懸命教えてくれて、飯田商店にも手打ちのスペースをつくって練習を重ねた。しかし、一人で初めての場所で打つのは初体験だから、ブチブチに切れちゃったらどうしようという心配がいつも頭をよぎっていた。

世界のどこに行ってもラーメンをつくれる男になりたい、という願いに一歩踏み出せた。麺がないからラーメンはできない、という言い訳はしたくない。ただし、今回は小麦粉を日本から持っていった。小麦粉を現地調達ができたら100点だったが、初めてのことだったので、そこはビビった。

翌年にスペインのチスパというレストランでラーメンイベントをすることがその場で決まった。チスパの前田哲郎シェフが、今回のラーメンを食べにきてくれて、「来年はうちでやってほしい」と言ってくれた。チスパは2023年に開店した薪火レストラン。半年でミシュランの星を取ったという気鋭の話題の店だ。「それなら、たらいも麺棒も置いていきます」と、道具一式を前田シェフに預けてきた。これで、いつでもスペインでラーメンをつくれる状況ができた。

次は、スペインの小麦粉でも麺を打ちたいと思っている。いずれは、現地の人たちにラーメンを教えることもしたい。それで、彼らなりのラーメンが生まれていけば、めちゃくちゃうれしい。

スペインでは、バスク豚を見にいった。肉と背ガラを使えることになった。ゲンコツはイベリコ豚のものが、ムガリッツのルートで仕入れることができた。貝は市場でムール貝に出会い、食べてみたらめっちゃおいしいので、ふだんのアサリの代わりにムール貝を使うことにした。

あとは高級キノコのジロール茸にも出会った。同行したイタリアンのシェフには、「ジロールをスープの出汁に使うなんてもったいなくて、僕らにはそんな発想はない」と言われたけど、実際に使ってみたら味に厚みが出て、しっかりとしたスープができた。

ジロール茸を気に入ったので、ラーメンの具材にも使うことにした。最初はメンマのような味つけを考えたが、それでは面白くない。朝からバル巡りをして気づいたのは、スペインの味の構成は、油と塩と酸という三角形が基本ということ。オリーブオイルと塩とレモンなどの酸。これがこの人たちのおいしいポイントだと想像できた。だとしたら、そういう要素も今回のラーメンに必要だと思った。

ジロール茸を鶏油で炒めて、地元で人気のチャコリというワインでフランベしたときに、素晴らしい香りがした。それは同行していたイタリアンのシェフがやってくれた。横江直起さんと梶原大輔さんだ。でも、味はチャコリの酸だけではもの足りないと言ったら、熱いうちにレモンを搾り入れてくれた。これで引き締まった酸味のあるジロール茸になり、ラーメンの味の構成に効いた。お二人のシェフには本当にお世話になった。

お客さまにラーメンを出す20分前に試食をした。厨房の皆さんは「初めての土地なのによくできたな」と褒《ほ》めてくれた。しかし、僕は気に入らなかった。スープにキレが足りない。ムール貝やジロール茸が上質だからスープがふだんよりもふくよかで、しかも醤油だれを運んできたから熟成がすすんで、そのキレも足りなくなっていた。

「ちょっと考えます」と言って外に出た。サンセバスチャンの海を眺めながらムール貝のことや、ジロール茸を見つけた路地のことを振り返っていたら、チャコリがいい香りだったことを思い出した。「そうだ、チャコリだ」と気づいて、「チャコリだー」と言いながら走って厨房に戻った。横江シェフと梶原シェフに「チャコリは煮詰めたら酸は残りますか？」と聞いたら「残るよ」。15分前だったが、

「じゃあ煮詰めてください！」と頼んだ。「何言ってんの。15分前だよ、将太くん始まるよ」と。「いいから煮詰めて！　とにかくお願いします！」と言って煮詰めてもらった。「このくらい？」「まだ」。「このくらい？」「まだ」と確認していって、「今です！」。見事にきれいな酸が出た。それを醤油だれにブレンドしてラーメンをつくったら、すべてが解決した。これは本当に動物的な勘だった。

アルサックという三つ星レストランのエレナというシェフも、地元のもので構成したのが素晴らしいと褒めてくれた。エレナは、厨房に入ってきて、スープを勝手に味見して、「塩は入ってないのか？」と言った。ラーメンは、器に醤油だれを張って、そこに熱いスープを注ぐ。ラーメンのスープのよさは、この二つの液体同士が出会った瞬間に生まれるもの。鍋の中で味つけをしてしまったら香りが弱くなるし、キレもなくなってしまう。この素晴らしさを三つ星シェフでも知らない。実際にラーメンになって食べたら、想像以上に塩分もあるので驚いていた。最高においしかったと言ってくれた。

ちょっと話は逸れるが、僕は担々麺についても、香りとキレを大切にしている。練り胡麻《ごま》がスープによく溶け込んでいるものを良しとしない。スープは清湯で、そこに胡麻の層が浮いている。さらにラー油もその上に浮いている。それぞれが分離していることが重要だと思っている。それぞれに独立した風味があって、それはバラバラだけど、食べたら口の中で一緒になって担々麺になっていく。ここが担々麺のおいしさのポイントだ。食べ進んでいっても、いつまでもクリアな風味が続くことが大切。麺料理としての担々麺の魅力は、胡麻や唐辛子などのスパイスを感じやすいこともある。麺をすすったときに現れる香りを、十分に楽しませたい。それには、それらを分離させておくこと。醤油だれとスープについても、これと似たところがあると思う。

糖尿病の方が食べられるラーメンを

2024年には、「ロカボ」のラーメンづくりにも取り組み始めた。

ロカボとは、北里研究所病院糖尿病センター長の山田悟先生が提唱している、食事による糖尿病の治療法だ。一食あたりの糖質量を40g以内に抑えることが大切で、きちんと3食を食べ、おやつは別に糖質10g以内で楽しむ。1日の糖質量を130g以内にコントロールをすることで、面倒なカロリー計算をすることなく、あまり無理をしないで糖尿病の治療ができる、というものだ。

具体的には、一杯の糖質量が40g以内のおいしいラーメン。これに挑戦することにした。通常は、麺1玉で糖質量は50gを超えてしまう。すると食後に高血糖になってしまい病状を悪化させるので、糖尿病の患者さんはラーメンを楽しむことができない。

日清製粉さんが、低糖質の小麦粉を製造しているので、それをベースに、国産小麦粉をブレンドすることで麺をおいしくしていった。風味と舌ざわりをよくする小麦粉のブレンドの試作を繰り返して麺は完成に近づいた。スープそのものは、もともと糖質量は少なく、ロカボは油脂を積極的にとることを推奨している。だから、今回の麺との味のバランスを整えていくことがポイントになる。

このロカボのラーメンを、最初は北里研究所病院の食堂で、糖尿病の患者さんに振る舞いたいと思っている。

これまで糖尿病でラーメンを我慢してこられた方々に、僕のラーメンを食べていただける。食べられなかった人が食べられると笑顔を取り戻せる。こんな幸せなことはない。

しかも、ロカボという食事法は、癌《がん》やそのほかの生活習慣病の対策にも有効と期待できると山田悟先生から教わっている。老化を遅らせることもできるかもしれない。疲労感も軽減できるし、認知症の対策にもなるだろう。つまり、食を通して多くの方々が健康になれる。

ロカボを町全体に取り入れることで、湯河原を人々の健康に寄与できる町にしていこうという動きも始まった。湯河原が持病のある方でも安心して温泉や食事を楽しめる町になる。これも素晴らしいことだから、一緒に取り組んでいく。

世界に通用するブランド力を

2023年からは、鎌倉にあるNPO法人アルペなんみんセンターで、難民の方々にラーメンを振る舞うこともさせていただいている。ウクライナ、ミャンマー、ナイジェリアなど約10カ国の方が生活をしている施設だ。ここには、居どころを知られてはいけないからと記念写真に映ることもできない方もいる。そのような寂しい、苦しい状況の方々に、ラーメンを通じて少しでも幸せを感じていただけるなら、こちらも幸せだ。

紛争地域や飢餓に見舞われている場所に出向いて、ラーメンを食べたことがない方々に、本気でつくったラーメンを食べてもらえるようになりたい、とも思っている。どんな表情をしてくれるだろう、喜んでもらえたらうれしい、という素朴な気持ちからだ。

国内でも、これまで老人ホームには行っているが、親御さんのいないお子さんたちの施設などもある。こういうところにキッチンカーで伺って、ラーメンを食べてもらいたい。極端なことを言えば、本店の営業は年に3カ月くらいにして、残りは、日本や世界でラーメンを振る舞う活動と勉強にあてる。そういうことがちゃんとできる力を身につけたい。

その意味では、今後は東京のど真ん中でも勝負をする必要があると考えている。「飯田商店」のブランドを強くしていかないと、困っている方々や寂しい思いをされている方々にラーメンを食べていただくこともできないからだ。そのためにも、店名から「らぁ麺」を取る。店名を「飯田商店」にすることも決断した。

2010年に飯田商店を開店した際の店名は「らぁ麺屋　飯田商店」だった。次に「屋」はいらないなと思って「らぁ麺　飯田商店」にした。次は「らぁ麺」も取る。

それでも通用するようなレベルにならなくては、次のステップはない。例えば、羊羹で有名な老舗の「とらや」さんも、「羊羹　とらや」とは名乗っていない。僭越ながらこれと同じだ。飯田商店が生まれた湯河原をベースに、本物のラーメンをいかに広く伝えていけるか。もっとたくさんの方々にいかに喜んでいただけるようになれるか。次の課題は明確だ。

その一方で、自分たちで屋台を引いて、ラーメンを食べていただくこともしたい。きれいな店で食べるのもいいけれど、大空の下ですするラーメンもうまいもの。気取らないのもラーメンの魅力の一つ。屋台で出すラーメンは最先端のものでなくていい。ちぢれた細麺のすっきりしたスープ。鶏はブロイラーで豚の骨は輸入品でもいい。でも、飯田商店のエッセンスは入っている、ちゃんとしたラーメン。ラーメン屋の原点は屋台にある。原点を肌で知らずしてラーメンを語ってはいけないと思っている。

天皇陛下に召し上がっていただきたい

もう一つの夢は、天皇陛下に僕のラーメンを召し上がっていただくこと。目の前でつくって差し上げたい。理想は店に来ていただくことだと思っている。

ラーメンが日本の国民食と言われるようになって久しい。ミシュランにも取り上げられるようにはなった。味も技法も発展した。しかし、僕はラーメンを日本の文化としてもっと重いものにしたい。

おいしいラーメンを出す店はたくさんできた。しかし、その中で、ラーメンのど真ん中をやっている人は案外少ない。ラーメンのスープの基本は鶏ガラと豚の骨だ。そして麺を自分でつくる。

ラーメンには、先達が築いてくれた仕事があり、食材の構成がある。１００年の積み重ねがある。どの先輩が店に来ても「おう、飯田！　がんばってるな」と言われたい。皆さんがやってきてくれた積み重ねがあって今がある。そこに敬意を払い、全部を背負うくらいの覚悟だ。日本のラーメン文化を、寿司や蕎麦などと同様の、確かなものにしていく。これは佐野実さんの遺志だとも思う。

ラーメンの横への広がりは、寿司や蕎麦と変わらないかもしれない。しかし、高さが足りない。飯田商店が、過去から未来への一つの架け橋になって、ラーメンの伝統をつくり、さらに発展させていくことに貢献したい。

そのために、今のラーメンを天皇陛下に知っていただきたい。天皇陛下に食べていただきたい。これこそが、ラーメンが日本の本物の食文化になる一つの道だと思っている。

この本は、２０２５年3月16日の、飯田商店の開店15周年に合わせて出版することをめざして準備をしてきたものだ。内容は、これが到達点ではなく通過点に過ぎない。開店してから15年。ラーメンをどうしたら少しでもおいしくすることができるか、常に考えてきた。これは終生、変わらない。

最終章

座談会「本物とは何か」

出席者

安藤朋子

「竹本油脂」社員

竹本油脂の季刊誌『ごま油の四季』のイベントをきっかけに飯田将太さんと懇意になる。飯田将太さんの人柄とラーメンを心から愛する、常連客の一人として座談会に出席。進行役を務める。

飯田将太

「飯田商店」店主

浅沼宇雄

「湯河原 十二庵」代表

飯田商店とほぼ同時期に、湯河原に豆腐店を開店。各地の農家さんとともに日本の在来種の大豆による豆腐づくりに取り組み、2022年の全国豆腐品評会で農林水産大臣賞を獲得。日本一の栄冠に輝く。飯田商店の開店当初から飯田将太さんをよく知る、湯河原の同志を代表して座談会に出席。

伊藤雅俊著『商いの道』と出合って

安藤　今日、お店で初めて気づいたのですが、飯田さんが立っている厨房の柱に「お客様は来てくださらないもの」と書いて貼ってありますね。あれは何ですか？

飯田　イトーヨーカ堂の創業者の伊藤雅俊さんの言葉です。続きがあります。

お取引先は売ってくださらないもの、
銀行は貸してくださらないもの、
というのが商売の基本である。
だからこそ、一番大切なのは信用であり、
信用の担保はお金や物ではなく

人間としての誠実さ、真面目さ、
そして、何より真摯さである。

浅沼　商売は、お客さまがいてくださるからこそ成り立つ。飯田くんが貼っている「お客様は来てくださらないもの」がすべての原点のような気がします。

安藤　毎朝見てらっしゃるの？

飯田　見ます。目に入りますからね。これがあったからこそ、くじけなかったというところはあります。だって20代で1億円の借金を背負っているような環境の人は、なかなかいないじゃないですか。誰かに頼んだって絶対に払ってくれない。25歳で始めた「ガキ大将ラーメン」はチェーン店だったから、そのつながりでしか人脈がないですし。同業者にはバカにされるし、どうにもならなかった。

安藤　バカにされるとは？

飯田　どうせ料理とかつくってねぇじゃん、と。自分が料理をやりたかったから、それは一番わかることじゃないですか。でも、生きるためにはチェーン店をやるしかないし、頼るところもない。だから、そういう本や言葉を力にするしかなかったんです。

安藤　その本とは？

飯田　『商いの道――経営の原点を考える』（ＰＨＰ研究所刊）という本です。それを読んだら勇気が出ました。

安藤　飯田さんのバイブル本なのですね。

飯田　はい。出合ったのは、ガキ大将を始めて2年目くらいだったと思います。まだまだ軌道に乗らず、電気やガスを止められそうになるわ、業者さんから「支払いがまだなんですけど」と督促されるわ。そんな電話がかかってくると、出たのは自分なのに従業員のフリをして「飯田は今ちょっと出てまして」とか言ってごまかしていた（笑）。

浅沼　電話が鳴るのが恐怖だったと言ってましたよね。

飯田　本当に怖かった。でも、その本を読んだら、伊藤雅俊さんのお店はそれどころの騒ぎじゃないわけです。家族がやっと生きていけるお店が戦争で燃えて、それを人の力を借りてなんとか復活させていく。お母さまが卵10個を1円で仕入れて1円で売っていたと書いてある。「え？」みたいな感じじゃないですか。利益は卵の箱を回収したときにもらえる何銭か、それだけ。そういう商売だったらしいんです。それでもお客さまが見えなくなるまでずっと頭を下げている。
銀行が相手にしてくれなかったのも同じ。でもこの本を読むと、僕が苦しんでいるのなんか大したことはないと思えた。実際は大したことはあったけど、店は燃えてないし、100円のものを100円で売らなくてもやれるし、全然マシだと思えた。ほかにもすごい言葉がいっぱいあって、ジュースの原液は濃くしておけ、と。店がちょっと大きくなってきたときに、従業員が濃縮還元のジュースの原液を少なくして儲けを多くしようとしたことがあって、それについて怒ったらしい。そういうことを始めてしまうと、お客さまの信用がなくなると。従業員のこともあるから利益は大切だけど、でも儲けを一番に考えてしまうとおかしくなる、というのは身にしみてわかる。

浅沼　巡り巡って飯田くんが、イトーヨーカ堂が始めたセブン-イレブンやデニーズと仕事をするようになるのはすごい話です。デニーズで飯田商店監修の豆乳担々麺や味噌ラーメンをやったとき、その湯河原店の横断幕に、「飯田商店の飯田将太は、学生時代にデニーズでバイトをしていました」と書いてあった。凱旋ですよね。そんなバイトはデニーズ史上、いないんじゃないですか。

飯田　しかも、デニーズの過去一番の売り上げを記録した。面白い話ですよね。苦しんでよかったと思えるような。

「青大豆豆乳とわさびとすだちの冷やし麺」誕生

安藤　飯田さんと浅沼さんは、同じ湯河原で商売をされていて、浅沼さんの豆乳が出会いのきっかけと聞いています。

飯田　僕が飯田商店を始める2010年3月の数カ月前に浅沼さんも湯河原で商売を始めた。おいしい豆腐屋さんができたと評判になったんです。

浅沼　最初、飯田くんがお店に来てくれて、すごく面白かったんです。豆乳と豆腐のことをずっと質問してくるんだけど、どうしたらラーメンにできるかしか考えていないことがわかる。帰り際に「ごめんなさい。僕、すべてラーメンにつなげてしか考えられないので」と言うから、本当にこの人すごいなと思った。

飯田　やばいやつですね（笑）。

浅沼　その後、飯田くんが、いろいろな産地に行くだけでなく、まったく違う料理を食べ歩くのも、全部ラーメンにフィードバックできる何かがある、という姿勢で行っているということを知って、それは本当に学びになりました。自分はそれまでは豆腐屋さんからしか学べないと思っていましたけど、そういうことではないと気がついて。そうすると一気に世界が広がったんです。それはびっくりしましたし、面白かった。

飯田　浅沼さんを訪ねたのは、飯田商店の確か2年目、雑誌の『横浜ウォーカー』がきっかけです。夏のハマ麺スタンプラリーというのがあって、冷やし麺をやることになったけど、初めてのことで困っていたんです。それで浅沼さんに話を聞きにいった。それで、ぜひとも地元の豆乳でやってみたいと思ったけど、最初はどんな味にしたらいいかわからない。そんなときに、湯河原の鳥助という焼き鳥屋さんの鶏のたたきを食べた。わさびが効いていて、めちゃくちゃ辛いんです。これを冷やし麺でやったら面白いと思った。

浅沼さんの豆乳は青大豆を使っているから美しい緑色をしていて、わさびも緑、それなら酸味はすだちだなと。緑緑緑で、緑でつなげたらうまくなる、とひらめいた。味つけは塩だと弱くて、色をつけたくないから白醤油にし、甘味は和三盆にした。すだちを利かせたらフルーティになって、めちゃくちゃおいしい。それで「青大豆豆乳とわさびとすだちの冷やし麺」が生まれた。夏限定で、毎年少しずつ変えて続けています。

浅沼　わさびの強烈な辛さを豆乳が優しく包むような味で、絶妙なんです。暑くなると食べたくなりますね。

人が喜んでいるのが好き

飯田　浅沼さんは、とにかく周りがよくなっていくことが気持ちいいと思っている人。それがナチュラルにできるので、それがいいなといつも思います。俺が、俺がという人は、僕は無理。それが表情にも出ている人っているじゃないですか。

浅沼　味にも出るよね。押しつけになっている。

飯田　物事を選択する際に、自分ではなく相手がいいほうを選びたい。それで結果はダメだったとしても、そのほうが幸せ。僕は人が喜んでいるのがとにかく好きなんです。

浅沼　人の役に立てるということが商売をやっていて一番幸せなこと。これは絶対です。商売をやるということは、人の役に立つということ以外にないと思っているくらいです。それが最終的には三方よしになれば、従業員も幸せになる。

飯田　そうですね。

浅沼　商売をしていて、きついことはたくさんあるけど、そのときに誰かのためにと思えていると踏ん張りが利きますよね。飯田くんは、そういう感覚をもっている人。そういう話をわかり合える人が近くにいたのはよかった。

安藤　よくそういう人に育ちましたね。

飯田　「飯田将太、いい子に育った（笑）」。なんでだろう？

安藤　絶対にお母さまだと思います。お店にいるお母さまを拝見すると、それを感じます。真摯に利他に生きていらっしゃるのがわかります。

飯田　あとは小学校の星崎健校長先生かな。真鶴小学校の子は正義の味方と毎朝言わされていました。「まな小の子はぁ！　せいぎのみかた！」って。

浅沼　わかりやすくていいですね。

飯田　だから、子どものころから電車で席を譲るようなことは自然にできていました。正義の味方は、どうぞとか言わずに、隣の車両に移るんです。

安藤　かっこいい（笑）。飯田さんが、なぜ人を魅了するのか。人に何かを与えていることもあるけど、何か違うものもありますよね。

浅沼　それは生きる姿勢だと思います。飯田くんと話しているうちに、人を表すのは、その人の生き方の姿勢だと感じるようになりました。だから、僕は人と会うと、その人の姿勢はどこに向かっているのかを見るようになった。飯田くんの場合は超シンプルなんです。まずは、人のために。そして何よりも、とにかくラーメンが好きでラーメンに真っ直ぐに向かっているんです。こんなに明確でわかりやすい人はいない（笑）。

飯田　お恥ずかしい。

浅沼　おいしいラーメンをつくりたいがために、どうしたらいいんだろうかと悩むじゃないですか。そういうとき、飯田くんは人に会いにいく。僕も飯田くんに刺激を受けて大豆などの生産地に行くようになって気づいたんですけど、生産現場を見にいっているんだけど、実は生産している人に会いにいっている、ということがわかったんです。

僕が、今度畑に行くんだと飯田くんに言ったら「それだけで最高ですね。行くだけでおいしくなりますよ」という返答があった。そんなわけないだろ、それならいくらでも行くよと思ったんですけど、行ったらわかるんです。

その人がこんな思いで、こんなことに悩みながらつくってくれているんだということがわかる。懸命にされているのが心でわかる。そうすると、その人のことが好きになる。だから大切に扱えるようになる。僕たち豆腐屋は、大豆をいろいろな状況で触って豆乳や豆腐にしていく。そのときに、愛があって触るのか、愛がなくて触るのかで味は変わる。絶対にそうだと思っています。

飯田くんは、常にその姿勢がブレない。まったくブレない。これが一番尊敬できるところです。経営的なことでも悩んだりするけど、それでもブレない。飯田くんも最初のころに大変な苦労をして、『商いの道』に出合ったからそれができたんだろうな、とすごく感じます。

飯田　ありがとうございます（笑）。

浅沼　人間としての根っこにちゃんと芯がある。そこに対して嘘をつかずに生きている。それは難しいことです。

安藤　飯田さんと私の出会いは『ごま油の四季』という冊子の企画でした。うちの太白胡麻油を使ったラーメンをつくってほしいという依頼をしたところ、胡麻油の工場に行かせてくれ、明日にでも行きたい。工場を見てから料理をつくりたいとおっしゃった。真摯で素敵な人だなと思ったのが第一印象でした。

飯田　竹本油脂さんの太白胡麻油は、きれいで大好きな油だったので、ちゃんとしたものをつくりたいと思った記憶があります。鶏白湯を強火でガンガン炊いて、途中で太白胡麻油を加えて乳化させるスープをつくりましたね。こういう仕事はいい油でないとおいしくない。ラーメンの仕上げには、マー油をかけた。これも太白でしたか？

安藤　それは「胡麻油一番搾り」でした。

飯田　そうでした。きれいな胡麻の香りがする一番搾りに、ニンニク、そして胡麻の搾りカスを加えてペースト状にしたマー油をつくって白湯らぁ麺にかけました。僕のラーメンは香りを大切にしているから、いい胡麻油は武器になることを実感しました。

安藤 ありがとうございます。工場までいきたい、と言ってくださったことに本当に驚きました。

飯田 自分の力が足りなくてうまくできないから、見にいくこともあるんですよ。怖いから。行ってみて、この人がこう思ってつくっているなら、その想いの通りをやればいい、というときもある。結果として、その人のことを好きになるので裏切れないし、大事にできる。そうなっていくと、必然的においしいにつながります。

安藤 絶対においしいにつながりますね。

飯田 そうやって人に会いにいくことによって、いろいろな力をもらえます。豆腐もそうだと思いますけど、ラーメンもたくさんの生産者さんの気持ちが集まってできる元気玉みたいなものなので。自分たちに力がないから、みんなの力を借りて、想いをのせさせてもらって、一つの豆腐、一杯のラーメンになる。

浅沼 お客さまの力も借りています。それはすごく感じます。

飯田 そうですね。それを感じられるかどうかはすごく大事。お客さまの力を借りる、というフレーズはなかなか出てこないものです。

安藤 多くはエゴが出ますよね。俺が俺がという人は、愛がおいしくするとは思わない。気づかないでしょうね。

飯田 僕は昔から、想いや愛があるからおいしくなると思っています。ただし、それをどうやって自分の子どもに教えればいいのか。例えば、おにぎりって手の味があって、お母さんだからおいしいということが、簡単に伝わっちゃいけないからこそ、いいのかもしれないけど。やっぱり愛が入ってなければおいしくない。そういう感じを、当たり前にしたい。愛を当たり前にしたい。

浅沼 本当にそうですよね。

安藤 飯田さんがそう思えるということは、お母さまがそういう想いで生きてこられたからじゃないですか。だから飯田さんのお子さんにも自然に通じていくのでは？

飯田 きっとそうなんでしょうね。大人になって気づくことだから。

勝手に店を始めた⁉

浅沼　飯田くんは、来店されるお客さまを好きになるようにしている、と言っているじゃないですか。愛を大切にしているから、自然とそれができるようになる。それは、ガキ大将ラーメンも飯田商店も、開店当初はお客さまが来なかったからよかったのかなと思っています。最初からお客さまが来ていたら、そのありがたさがわからない。うちだってそうですけど、自分でお店を始めたばかりのときにお客さまなんて来るわけがない。飯田くんの言葉で印象的だったのは「勝手にラーメン屋を始めた」と。

飯田　お客さまのことを好きになるし、ありがとうございました、と本気で言う。それって当たり前のことで、それを言わないやつは極論、商売なんかやらなくていいと思うんです。なぜかというと、誰が飯田商店というラーメン屋を生んでくださいと頼んだかというと、誰も頼んでない。自分が勝手にやりたくて、勝手に店をつくり、食材を仕入れ、暖簾を掲げ、勝手に商売をして、ラーメンを食べてもらって、お金をいただいて利益を得て、さらに次の商売ができる、ということをやらせてもらっている。それなのに、ありがとうございました、の一言も心を込めて言えない人は続ける資格がない。きつい言い方ですけど、そういうところが一番大事なのかなって思います。

浅沼　僕はそれを聞いたときに、これが商売の原点だ、本当にそうだと思った。僕は豆腐屋を湯河原の町おこしをめざして始めたんですが、その話を聞いた後に考えてみたら、誰かに町おこしをしてくれと言われたわけでもない。勝手に町おこしをしたいと思い、それで勝手に湯河原には豆腐屋が合うと思って、勝手に大豆を仕入れて、電気代も水道代もかけて勝手にお豆腐をつくってきた。

飯田　自己中の極みですよね（笑）。

浅沼　そうそう、極み。お店をオープンしたらお客さまが来てくださる。こんな奇跡はない。こんなわがままなことにお客さまが付き合ってくださり、応援までしてくれる。とんでもない話だなと思っています。その飯田くんの考え方は、僕の根っこにあります。最近、自分の言葉のように人に語っていますけど、この話が本に載って誰かが読んだら、あいつの考えじゃなかったんだって気づくかもしれないけど（笑）。

飯田　本当に奇跡ですよね。僕は今でもたまに、「お！　お客さまが俺のラーメン食べてるぞ！　あれは俺がつくったやつだ、すごいっ！」て感動しています。本当に奇跡が起こっていると思う、そんな毎日です。

安藤　お客さまのことを好きになれるってすごいですね。

飯田　それが礼儀だと思ったんです。ガキ大将という、うちの店を好きになってほしいから。また来てほしいから。でも、自分がその人を好きだな、いいなと思わないのに、お客さまに店を好きになってほしいなんて求めることは許されない。だから、まず自分から好きになる努力をしようとした。いらっしゃいませと言ってニコッと笑うときに、お客さまのいいところ探しをする。そうするとお客さまが店に好感をもってくださる。好きになって、とまでは言わないですけど、好感をもった人がつくるラーメンはおいしくなる。

浅沼　愛が調味料の一つになるんだと思います。

飯田　裏話をすると自信がなかったからなんです。ガキ大将はチェーン店だから、よくて65点の味しか出せない。それでも毎日店を開けないといけないし、でもこれ以上の味はできないしというところで、いかにこの店を好きになってもらって、65点を90点に感じてもらうか。そのためにはどうすればいいのかを考えたんです。

浅沼　飯田くんのガキ大将は、注文を取る際に、片膝を床に着いてお客さまと目線を合わせていたんですよ。とんでもない話ですよね。そんなラーメン屋さんなんてない。でも、一生懸命考えてそこにたどり着いたんだなというのは伝わるじゃないですか。

安藤　お二人ともこんなものでいいだろうという妥協がないんですよね。どの仕事でもそうでしょうけど、この程度でいいだろうと思うと、その程度の結果にしかならない。

飯田　はい。まだまだ道半ばです。

「しあわせ中華そば食堂にこり」も湯河原の人気店

浅沼　ガキ大将のあとに、飯田くんが同じ場所で始めた「にこり」も湯河原では大人気のお店です。

安藤　「しあわせ中華そば食堂にこり」ですね。どんな経緯で始められたのですか？

飯田　飯田商店が開店して軌道に乗り始めた3年目にガキ大将のフランチャイズチェーンを脱退して「にこり」に変えました。僕がガキ大将の現場を離れてから売り上げが落ちていき、その当時は半分になっていたんです。ガキ大将の創業者の正三おじさんも、そのころは経営から追われていたこともあり、フランチャイズを続けることよりも、自分のラーメンをつくりたいと思うようになりました。

最初は、僕が子どものころから食べていた「味の大西」さんが築き上げた湯河原系のラーメンを、僕なりにつくりました。世間では小田原系と言われているものです。言い出したのは、ラーメン評論家の石神秀幸さん。元祖は湯河原の大西さんだから湯河原系が正しいと僕はいつも言ってますが（笑）。

浅沼　スープが濃い醤油色の、ちぢれ麺のラーメンですね。

飯田　これが好きだったので、自分流につくりました。スープは豚の背ガラが主体の清湯で、これにチャーシュー用のモモ肉をたっぷりと入れて肉の出汁を加えます。

浅沼　今のにこりのラーメンは、中華そばですね。ほかに、餃子、しゅうまい、麻婆豆腐、から揚げ、カレーまであって、どれもおいしい。家族でいつも利用させてもらっています。

飯田　中華そばは、山形県のあつみ温泉にある「めん処 久太」さんをリスペクトしてつくったものです。僕が初めて食べて泣いたラーメンです。レシピを聞いたわけではなく、久太さんがやられてきた、ラーメンの一つの原点のような味をイメージしました。スープは、鶏肉、鶏ガラ、煮干し、焼きあご、チャーシュー用の煮豚、そして野菜も入れて、油脂を丁寧に取ってしまいます。麺は、はるゆたかと春よ恋を中心にした、加水率が高めの手もみ麺です。まさに中華そば、という感じですね。チャーシューは肩ロースを炭火の釜に吊《つ》るして焼いています。これが合うんです。めっちゃおいしいですよ。

安藤　飯田商店は開店当初にあった餃子をすぐにやめたと聞いていますが、にこりでは解禁したんですね。

飯田　はい。飯田商店の本店では霧島高原純粋黒豚やＴＯＫＹＯ Ｘなどの特別な豚を一頭単位で仕入れています。ロースと骨は本店で使い、残りの肉はにこりと沼津店の餃子としゅうまいにまわします。そうすることでコストを抑えながら、おいしい肉を使えます。

浅沼　霧島高原純粋黒豚やTOKYO Xの肉を使うような贅沢な餃子は、ほかではなかなか食べられないと思います。

飯田　餃子は霧島高原純粋黒豚で、しゅうまいはTOKYO Xです。皮もスーパーはるゆたかなどでつくっています。めっちゃうまいですよ。

安藤　カレーも一からつくっているのですか？

飯田　カレー粉もガラムマサラも僕のレシピで、ホールスパイスから飯田商店でつくっています。カレーは本店のスープがきっかけです。うちは寸胴の中の半分以上が食材、というスープのとり方をします。地鶏や銘柄豚の骨と肉がたっぷりと入っているので、これをもう一度強火で炊いて二番出汁をとる。これをカレーにしていきます。飴色になるまで炒めた玉ねぎ、煮詰めたトマト、さらにブルーベリー、ラズベリー、りんごなどの果物の甘みと酸味を加えます。カレーのレシピをつくる際は、集中的に30店はカレーを食べにいきました。うちの特徴は、お出しする直前にカレー粉を再度加えてスパイスの香りを加えることと、レモン汁を入れることです。カレーの本を見てもあまり言われていませんが、カレーの肝は酸にあると思います。レモンで酸味を立たせると、カレーの甘みといいバランスになって、さらにおいしくなります。

安藤　おいしそうですね！

浅沼　最近は、にこりの駐車場を見ているとけっこう県外の人も来ています。

湯河原の町おこしにも取り組む

安藤　お二人は湯河原の町おこしにも取り組んでいるとか？

浅沼　はい。以前テレビで飯田くんが、「東京には移転しません。湯河原に来てほしいんです。湯河原がいい町だから」ということを言っていた。それが僕と同じ気持ちで、その後急激に仲良くなった気がします。

飯田　都内だったらもっとお客さまが来るから移ったほうがいいよって、よく言われたんです。いやいや、そういう問題じゃないんですよ、湯河原にきちんと根付くことが大切なんですと、いつも言い返してきました。

浅沼　そういう飯田くんの話を聞いて、町おこしを僕が一人でやっているわけではなく、そういう想いをもっている人が周りにいることに気がついた。自分は最初、豆腐をつくることもできなかったところから始めたので、孤軍奮闘している気がしていた。でも、そうではなかった。

飯田　僕は町の企画などをやる前に、まず自分たちの商売のレベルをもっと上げたい。プロフェッショナルで本気の人間を湯河原に100人つくろうぜと言ってきた。そうしたら、勝手に人が来るから。とにかくそれをやるべきだと商工会の主張大会で言ったら、見事に落選した。

浅沼　僕も同じ考えです。みんなで町を盛り上げようとやっても、なかなかうまくいかない。まずは自分の商売を一生懸命やって、一人でも外からお客さまを呼べるようになる。そういうお店が100店あれば100人のお客さまが湯河原に来るわけじゃないですか。だから、自分の商売を一生懸命やることが最大の町おこしだと。湯河原には飯田商店のほかにもBREAD&CIRCUSという日本一と言われるようになったパン屋さんがある。その創業者の寺本さんご夫妻とのことも尊敬しています。そして、飯田くんも日本一と言われるようになった。だから僕は、湯河原をそういう本物のある町にしたい。

安藤　ラーメンと豆腐は同じ日常食。そういう互いの温度感もよかったかもしれないですね。同じパッションをもっていたということ。

浅沼　僕も本物になりたいと思った。ちょうどそのころ、全国豆腐品評会が動き出し、僕も日本一をめざしたけど最初は全然ダメだった。でも、2022年に農林水産大臣賞を獲得して日本一になれたのは湯河原のおかげだと思っています。それは、飯田くんや寺本さんの影響なんです。お二人の、お客さまや商品に向き合う真摯な姿勢、常に挑戦を忘れない姿勢を見ていて、これこそが本物だと思った。

飯田　ありがとうございます。本物とは何か。これをずっと追い求めて挑戦してきました。今後もそれは変わらないと思います。たくさんの生産者さんとお客さまの想いをいただいて、それを一杯のラーメンに結んでいく。これには終わりはない。やればやるほどゴールは遠くなりますが、こんなに楽しいことはない。これが実感です。

安藤　本物とは何か。飯田さんらしい大きなテーマですね。そういうお話は、本当に気持ちが明るくなります。本日は、ありがとうございました。これからも、よろしくお願いいたします。

あとがき

僕の料理の原体験は小学校1年生のとき。毎朝、お母《かあ》から卵を1個もらって、フライパンで薄焼きオムレツ風の玉子焼きをつくった。卵1個にはフライパンが大きすぎて最初はうまく焼けなかったけど、だんだんうまく焼けるようになった。親父が、いつも玉ねぎのみじん切りにかつお節と醤油をかけたものを食べていて、それを僕にも食べろと強引にご飯にかけてきたのを覚えているから、それが嫌で、自分でつくり始めたのかもしれない。

「支那そばや」といううまいラーメン屋さんが藤沢にあるぞ、と教えてくれたのも親父だった。

親父は僕が14歳のときに癌で亡くなった。その後の家業の借金がきっかけで25歳のときにラーメンに携わるようになった。そして、親父が残してくれた土地で飯田商店を始めた。

振り返ってみると、僕の今があるのは父のおかげだ。ずっと支えてくれている母の存在も大きい。両親には感謝しかない。

「支那そばや」の佐野実さん。この方の存在は僕の中で圧倒的だ。飯田商店の土台は、すべて佐野実さんを手本にしてきた。奥さまの佐野しおりさんには、ずっとお世話になっている。

この本は、2025年（令和7年）3月の発刊だ。4月11日は佐野実さんの11回目のご命日だ。横浜の戸塚にある墓前にこの本をお供えしたいと思っている。

佐野実さん。ありがとうございます。

令和7年3月　飯田将太

飯田将太の履歴書

1977年（昭和52年）10月23日　神奈川県真鶴町生まれ
家族は、父・武夫、母・美津子、姉・千春
祖父・忠三、祖母・はつ子の六人家族で育つ
2000年3月　明海大学経済学部卒業。その後、日本料理の道へ
2002年11月　「ガキ大将ラーメン湯河原店」を始める
2008年7月　「支那そばや」で我に返る
2009年2月　店休日に「ツケ麺醤太」を始める
2010年3月16日　「らぁ麺屋 飯田商店」開店
2011年　東京ラーメン・オブ・ザ・イヤー（TRY）に
初エントリーされ醤油部門4位に入る

2013年6月　姉妹店「しあわせ中華そば食堂にこり」開店
2016年6月　店舗リニューアル。新しい製麺機を入手
2017年～20年　TRY大賞総合1位を4連覇。殿堂入り
2018年1月　『情熱大陸』に出演。
時間帯別整理券方式を採用
2019年3月　休業案内。新しいラーメンに挑戦を宣言
2019年6月　ラーメンを一新して営業再開
2019年10月　ららぽーと沼津に「湯河原飯田商店」開店
2020年4月　オンラインショップを開設
2020年7月　インターネットでの事前予約制を導入
2021年2月　初の公認独立店。RamenFeeL開店
2024年6月　イギリスでラーメンをつくる
2024年7月　スペインでラーメンをつくる
2025年3月16日　開店15周年。店名を「飯田商店」に変える

本物とは何か

２０２５年３月16日　第１刷発行

著者　飯田将太
発行者　鈴木勝彦
発行所　株式会社プレジデント社
〒１０２-８６４１ 東京都千代田区平河町２-16-１ 平河町森タワー13Ｆ
電話 ０３-３２３７-３７３１（販売）／０３-３２３７-３７３２（編集）
https://www.president.co.jp/　https://presidentstore.jp/
販売　桂木栄一　高橋　徹　川井田美景　森田　巌　末吉秀樹　大井重儀　庄司俊昭
編集　町田成一
制作　関　結香
印刷・製本　中央精版印刷株式会社
 ISBN978-4-8334-4072-1 Printed in Japan